EL NÉCTAR DE MI VIDA:
Un vuelo personal

PATRICIA GÄRTNER

ASP BOOKS.

ARTIST STUDIO PROJECT PUBLISHING LLC
AN INDEPENDENT MULTICULTURAL BOOK PUBLISHING COMPANY

EL NÉCTAR DE MI VIDA: Un vuelo personal

AUTORA: PATRICIA GÄRTNER

EDITOR: RAFAEL A. OSUBA

PORTADA: RAFAEL A. OSUBA

TRANSCRIPTORA: YVETTE CORREDOR

ISBN: 978-1-965086-16-2

Library of Congress Control Number: 2025947738

Artist Studio Project Publishing LLC
ASP Books
5620 Millrace Trail
Raleigh, NC 27606
artiststudioprojectpublishing.com

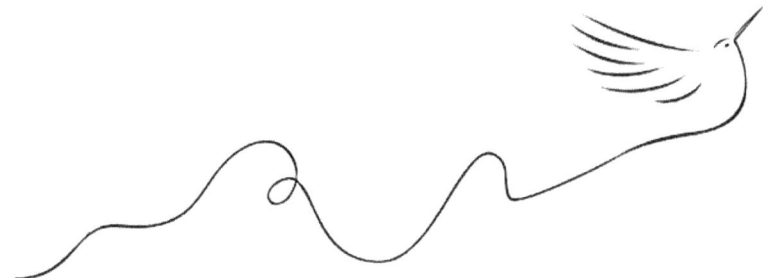

"A Dios, fuente de mi fortaleza y esperanza, y a mi amada familia, quienes han sido mi sostén, inspiración y razón de seguir adelante. Esta historia es también suya."

ASP BOOKS®
ARTIST STUDIO PROJECT PUBLISHING LLC
AN INDEPENDENT MULTICULTURAL BOOK PUBLISHING COMPANY

EL NÉCTAR DE MI VIDA:
Un vuelo personal

PATRICIA GÄRTNER

EL NÉCTAR DE MI VIDA: Un vuelo personal.

PATRICIA GÄRTNER

El colibrí, nos inspira alegría y admiración mientras nos guía a un sendero colorido. Con su vuelo ligero y ágil nos recuerda que la vida es un precioso regalo que debemos apreciar en todo instante. La naturaleza nos deleita con todo su esplendor de colores tornasolados con este pequeño mensajero, que nos enseña a extraer el néctar de nuestras vivencias, observar la belleza en lo efímero y a vivir cada minuto como si fuera el último, con gratitud y asombro.

Que la destreza y agilidad del colibrí nos incentive en un vuelo armonioso durante los altibajos de la vida y que, en cada estación, hallemos un jardín que, habiendo superado los cambios de la naturaleza, nos brinde el deleite y la inspiración de las flores. De la misma manera, nuestro vuelo será colorido mientras saboreamos los distintos néctares de la vida. Continuemos nuestro viaje hacia nuevas alturas, llevando con nosotros la esencia de quiénes somos y la sabiduría de lo vivido.

Desde mis primeros recuerdos, he sentido la fascinación y curiosidad de un colibrí, buscando constantemente el néctar en esas pequeñas cosas que dan sabor a la existencia. A lo largo de los años, he enfrentado desafíos que me han puesto a prueba, he vivido momentos de alegría que me han elevado y he aprendido lecciones que han dejado una profunda huella en mi corazón.

NOTAS PERSONALES.

En estas páginas, te invito a acompañarme en un recorrido por mis vivencias, donde abro mi corazón y mis alas. Desde los días luminosos y esperanzadores hasta las noches oscuras que me han enseñado la importancia de la resiliencia, cada experiencia vivida es un reflejo de mis luchas y triunfos, de las personas que han cruzado mi camino y de los sueños que aún persigo.

Toda mi autobiografía es basada en mis realidades vividas, posiblemente hayan personas siendo parte de mi recorrido, que no estén de acuerdo con mi versión, pero esta es mi verdad de cómo las viví y las sentí.

En algunos casos, se han alterado los nombres. Estas personas, aunque presentes, no son clave para los temas centrales del libro.

Espero que, al compartir mi historia, encuentres en ella un eco de tus propias experiencias y un recordatorio de que, al igual que el colibrí, todos tenemos la capacidad de encontrar el néctar en la vida, incluso en los momentos más inesperados.

INTRODUCCIÓN

Desde hace muchos años, he sentido una profunda necesidad y un gran deseo de plasmar mi biografía. Lo había pospuesto debido a un torrente de vivencias y sentimientos que me impedían tomar una decisión. Sin embargo, la experiencia de compartir mi biografía me confronta con mis aciertos y errores, y me permite reconocer lo valiosos que han sido para el proceso de la mujer que ha madurado, y de la persona que, solo por la gracia de Dios, soy en el presente.

El amor es el sentimiento más profundo y preciado que todo ser humano posee. Momento a momento, día tras día y año tras año, acumulamos experiencias vividas que son difíciles de olvidar. En mi caso, hay una huella indeleble en el sendero de mi destino que me concede el permiso de compartir gran parte de ella desde el amor y la gratitud a Dios.

Espero que mis vivencias, y mi transformación personal, a través del regalo infinito de la confianza absoluta, sirvan de inspiración para que algunas o muchas personas encuentren el verdadero y profundo tesoro de vivir una relación directa con Dios y experimentar la paz que se vive a plenitud.

A continuación, quiero compartirles tres de mis pasajes bíblicos favoritos, los cuales repito constantemente en mi día a día; y me han permitido reafirmar la presencia divina de Dios, quién siempre me sostiene sin importar mis fallas.

- Romanos 8:31. *"Si Dios es por nosotros, quien contra nosotros?"*

- Filipenses 4:13. *Todo lo puedo en Cristo que me fortalece.*

Finalizó con el más poderoso: Mateo 7:7. *Pedid y se os dará, buscad y hallaréis, llamad a la puerta y se os abrirá.*

PATRICIA
Infancia y crisis juvenil

Soy Patricia Suárez, y mi historia comienza en Santa Rosa de Cabal, Risaralda, Colombia, un pequeño y encantador pueblo del Eje Cafetero de mi país. Esta preciosa región está rodeada de montañas majestuosas y se caracteriza por su clima frío y lluvioso, y atrae a muchos turistas durante todo el año. Soy hija de Alfonso Suárez y Marina Guzmán de Suárez; hermana de Cecilia y Diego.

Desde que tengo memoria, puedo recordar mi infancia en el lugar donde crecí recibiendo muchísimo amor. Mis padres, joyeros independientes, dedicaban su vida a este arte. Mi padre, había aprendido y heredado el oficio de la orfebrería de sus propios padres, y ellos, a su vez, de la generación anterior. Él, había estudiado varios años ingeniería industrial, y lograba adaptar muchos de sus conocimientos a la creación y producción, no solo de herramientas; sino también del ensamblaje y diseño de joyas preciosas.

Tengo vívidos recuerdos de jugar hasta muy altas horas de la noche o la madrugada con piedras semipreciosas, tornillos, tuercas y una infinidad de otros objetos e implementos que se encontraban en nuestra casa. Por eso, el fácil acceso al taller de joyería y la familiaridad con los diferentes sonidos de las máquinas y herramientas usadas a cualquier hora del día, se volvieron parte natural de mi entorno.

Mi padre tenía una voz de ópera privilegiada y cantaba de tal manera que todo el vecindario se deleitaba. ¡O los incomodaba si lo hacía a altas horas de la noche! Amaba y cantaba vallenatos, y en su juventud, había tenido su propio conjunto de música en Valledupar. Siempre había música en casa, sonaba todo el tiempo, a un volumen excesivo.

Nuestra casa era muy grande, con muchas habitaciones. El taller de joyería era, sin duda, el lugar más fascinante para mí. En la parte trasera de la casa, teníamos un espacioso solar con 500 árboles de café, 3 árboles de guayabas dulces, 3 de guayabitas peruanas, guayaba agria y uno de mandarina. También teníamos un gallinero donde mi abuela, Sara Quiceno, la madre de mi mamá, criaba gallinas, las despedazaba y vendía, al mismo tiempo que vendía huevos criollos.

Mi abuela, había crecido en una finca, sabía mucho sobre la vida en el campo. Ella era quien cultivaba el café que se producía en casa; tenía la máquina para pelarlo después de que ella misma lo cosechaba. Disfruté muchísimo ese tiempo y espacio de mi casa, donde imitaba a mi abuela con un pequeño canasto, recolectaba café a su lado. La escuchaba mientras ella hacía su labor, con la música de un pequeño radio transistor que siempre cargaba. Todos los días, salía a alimentar las gallinas, y yo, feliz, la seguía y entraba al gallinero para disfrutar de esas bellas aves y sus pollitos; los podía acariciar y jugar con ellos. Me entristecía ver cómo mi abuela mataba las gallinas, pero preparaba unos deliciosos sancochos o las vendía a sus fieles clientes, quienes afirmaban eran ¡las gallinas con el mejor sabor criollo! Mi abuela era muy ágil para matar, desplumar, deshuesar las gallinas y venderlas súper listas en bolsas.

Además, teníamos una huerta donde cultivamos maíz, cebolla, cilantro, tomates, pepinos, pimientos y muchas hierbas para uso diario en casa.

Un atractivo extraordinario de nuestra casa era, sin duda, el acceso a mi escuela, la San Luis Gonzaga. Mi padre había abierto una puerta directa que conectaba sin necesidad de salir a la calle. Ese muro, lindero de ambas propiedades, se convirtió en una entrada privilegiada.

Había un rincón especial en nuestra casa, un tanque muy grande que guardaba historias. Mis padres contaban que mi abuelo paterno, Alfonso Suárez, había sido el primer dueño de la casa, donde había tenido un criadero de cerdos y los mantenía en ese tanque. Cuando esa etapa de criar cerdos concluyó, mi padre, con una idea brillante, lo llenó de agua y lo convirtió en nuestra piscina personal, debo confesar, era ¡la más fría del mundo!. A pesar del frío extremo, nos lanzábamos con nuestros vecinos a jugar, el frío era tanto que terminábamos con dolor de oído. Pero, claro, cuando eres niño, esas pequeñas molestias se desvanecían y eran insignificantes frente a la emoción de la aventura.

Cada día de mi infancia era un verdadero deleite, jugar con mi hermano en el patio de casa, se convertía en nuestro universo particular, dónde ser superhéroes con "Walkie Talkies", era la cúspide de la diversión. Invitábamos a los vecinos, que, una vez allí, nunca querían irse. Jugábamos al escondite en medio de todos los árboles de café, librábamos épicas batallas de pistoleros; en fin, los días eran una sucesión de aventuras maravillosas, y no podemos olvidar las deliciosas comitivas que organizábamos.

Nuestra casa, no se caracterizaba por lujos o un estilo particular en su decoración, ofrecía algo mucho más valioso: la generosidad de sus espacios. Estaba el taller de joyería; la oficina de mi madre, Marina, quien era la encargada de atender diariamente a los clientes que venían a comprar o reparar joyas; y, por supuesto, la sala de espera, donde la gente aguardaba su turno con paciencia.

Fue realmente muy interesante crecer en medio de un ir y venir constante de personas; conocer tantos clientes fieles de mis padres, que no solo venían de diversas ciudades del país, sino también del exterior, especialmente de Estados Unidos. Yo no tenía ninguna restricción; podía observar a quien llegaba o incluso compartir risas y conversaciones con ellos en cualquier momento. Siempre que venía algún niño, no dudaba en invitarlo a jugar.

Mi madre, Marina, era el alma del negocio. Ella se encargaba de las ventas, hacer los negocios, fijaba los precios de cada joya. Tenía una habilidad asombrosa para calcular el peso en gramos de oro con solo sostenerlo en su mano, una precisión que la báscula confirmaba al milímetro. Gozaba de un talento innato para saber a simple vista si un metal era precioso y cuál era su kilataje. En los negocios y en el trato a los clientes, era simplemente única. Tenía la personalidad más fascinante del mundo: dulce, cariñosa, amena, humanitaria, servicial, caritativa, elegante con un carisma, chispa y picardía que atraían a más y más personas.

Mis padres siempre nos dieron muchísimo gustos, pero mi padre tuvo una marcada predilección y un desbordado amor por mí. Hasta el último día que gocé de su presencia, siempre me llamó "mi bebé". Me consentía tanto que me hacía delicadas trenzas, les ponía bolitas de oro y así me mandaba a la escuela. Teníamos un armario de metal que mi padre mantenía con llave. Solo él lo abría. Tenía un letrero que decía: "De aquí para dentro son mis dominios". Era nuestra tienda de mecatos y golosinas, ¡guardaba toda clase de dulces que los niños siempre quieren comer! Cuando nos acostábamos todos en la cama de mis padres a ver películas, él abría la tienda y nos daba a cada uno una bolsita de papel para que escogiéramos lo que queríamos comer durante la película.

El estilo de vida que llevamos durante mi infancia y adolescencia era totalmente diferente al de todos nuestros amigos y familiares. En nuestra casa, no existían lujos como porcelanas elegantes, lámparas, candelabros, finos cuadros de pintores famosos, ni mucho menos muebles o enseres suntuosos. Si, teníamos los mejores televisores y equipos de sonido, porque mis padres siempre pensaron en disfrutar más la vida. Recuerdo vacaciones de un mes entero en la costa o en San Andrés, paseos a todos lados, idas a acampar e invitaciones a fincas de algunos de los clientes.

Había muchísima diversión, viajes, regalos, paseos cortos, idas a restaurantes y cines. Sin embargo, también vivíamos situaciones muy fuertes, tristes, dolorosas, impactantes, y, para un niño, incomprensibles.

Algunos momentos de mi vida pasaron de un instante de máxima felicidad a un profundo pesar y sufrimiento. Y a mi corta edad, era yo quien debía tomar el control de supervivencia en medio de trágicos acontecimientos.

Mis padres se amaban mucho. Yo siempre veía cómo se daban cariño constantemente, salían a bailar a discotecas, y nos llevaban a mi hermano y a mí con ellos. Les pagaban a los porteros para que nos dejaran entrar. Nos pedían bandejas de picadas y frutas; disfrutábamos al máximo y ¡hasta aprendimos a bailar!

En medio de todo este estilo de vida aparentemente tan alegre y hermoso, nos atrapaban cadenas que ninguno sabía cómo romper para liberarnos. Siendo la menor de mis hermanos y la bebé de la casa, empecé a asumir el papel de defensora, usando el desbordado amor que mi padre sentía por mí.

En nuestra familia, la música —que para todo ser humano puede ser la conexión más hermosa y directa con los sentidos y sensaciones que nos transportan a diferentes épocas y lugares— era causa de sentimientos y emociones encontradas.

Empecé a darme cuenta de que el fin de semana producía en mi padre una actitud más alegre de la normal. Empezaba a escuchar música y a cantar con un volumen exagerado, y acompañado de algún tipo de licor, algo horrible podría suceder.

Primero, notaba cómo el rostro de mi madre cambiaba de la sonrisa y la alegría a la expresión más agria y seria. A mi padre, por otro lado, le era indiferente esa cara o le reclamaba el por qué estaba brava y mal encarada. Las cosas empezaban a escalar cuando ella le bajaba el volumen a la música y él lo volvía a subir, muy enojado.

Mi mamá nos mandaba a dormir. La situación continuaba empeorando: volumen alto, mi madre más brava y reclamándole a mi padre que nos iba a despertar. Él se enojaba cada vez más y empezaba a maltratar a mi madre, la gritaba y le decía unas palabras extremadamente groseras e hirientes que penetraban las paredes de la casa y llegaban a lo más profundo de mi corazón, como un cuchillo que destrozaba mi alma.

Empecé a captar este tipo de comportamiento a muy temprana edad, alrededor de mis cinco o seis años. Recuerdo que cuando empecé a relacionar lo que ocurría en el transcurso de la noche — los altibajos de volumen, los gritos, las feas palabras —, hicieron que yo estuviera atenta en modo de alarma para correr a ver qué pasaba. Siempre encontraba a mi madre llorando y muy angustiada al verme ahí, tan pequeña, viendo esas desagradables escenas.

En algunas ocasiones, mi padre recapacitaba un poco y aceptaba bajar el volumen. Pero había veces donde el nivel de alcohol en su cuerpo lo llevaban a seguir dejándose invadir por ese fantasma de la culpa que llevaba en su corazón. El fantasma que lo perseguía constantemente de ser la causa del suicidio de mi abuela Ramona Jaramillo, cuando mi padre tenía sólo 19 años.

Yo no comprendía absolutamente nada, ni sabía que mi abuela se había suicidado. Mis recuerdos son tristes: veo a mi pobre madre abusada física y psicológicamente. Siendo la niña de la casa, yo estaba siempre alerta, esperando el momento de levantarme rápidamente y despertar a mi hermano para que saliéramos a defender a nuestra madre. Antes, apresuradamente golpeaba fuerte la puerta de mi hermana Cecilia, diez años mayor, y le suplicaba que fuéramos a ayudar a mamá. Se enojaba y me decía "Eso no es problema de niños", y me cerraba de nuevo la puerta ¡como si no pasara nada!.

Mi pobre hermano se ponía muy nervioso, se recostaba contra la pared a llorar y se tapaba los oídos. Yo me convertía en un animalito territorial, rápida como el colibrí, que se lanzaba en la espalda de mi padre para morderlo y arañarlo. Le daba golpes hasta hacerlo reaccionar y soltar a mi madre. En una ocasión, la estaba ahorcando con su correa y mi madre, morada, se sacudía. Tenía que hacer lo que estuviera en mis manos para salvarla, y lo más fácil era lanzarme en la espalda de mi padre.

Cuando finalmente la soltaba, ella trataba de recuperarse y nos sacaba de casa, nos llevaba a la casa de algún vecino para que nos cuidara. Llorábamos y le suplicábamos que no nos dejara ahí sin ella, pero lo más triste y terrible para mí era saber que se regresaba a casa, donde yo no sabía si sobreviviría o qué pasaría después si yo estaba ausente para defenderla. Eran memorias de escenas terribles, de recordar y vivir para cualquier persona, especialmente para un niño. Al día siguiente, mi madre nos recogía y nos llevaba de regreso a casa. Yo podía ver como tenía su rostro y cuello marcados, veía cómo trataba de usar su maquillaje y tapar esas dolorosas y reveladoras marcas de golpes, usando pañoletas para disimular su cara y piel maltratadas.

Estos comportamientos se repetían. No recuerdo con qué frecuencia, pero sí sé que eran suficientemente constantes y dolorosos como para que yo no pudiera desentenderme de ellos. Se podía percibir cómo el arrepentimiento de mi padre era notorio; consentía a mi madre y era muy mimoso con todos.

Cuándo tenía unos siete años, nuestro abuelo, el padre de mi padre, venía a casa y se quedaba temporadas muy largas con nosotros. Era alcohólico y bebía todos los días. Un hombre letrado e inteligente para los negocios, hacía unas piezas de oro muy bonitas y manejaba bien la producción. Trabajaba con mi padre y salíamos a diferentes lugares de Colombia a vender la producción de mercancía que hacían.

Escuchaba cómo el abuelo le decía muchas veces a mi madre que ella era igual de inteligente, buena para los negocios y para multiplicar el dinero como lo hacía mi fallecida abuela. Siempre se percibía un misterioso y muy profundo dolor con ese tema de la muerte de la abuela, a quien yo no conocía.

Alrededor de mis doce años, en una de las temporadas que mi abuelo estuvo con nosotros, regresó a Medellín por un tiempo. Luego recibimos la terrible noticia que se había suicidado de la misma manera que mi abuela: ¡Había tomado cianuro! Fue entonces cuando escuché una conversación telefónica de mi padre, y también otras conversaciones donde salieron a la luz cuántas veces mi abuelo trató de quitarse la vida después de la muerte de mi abuela.

Continué creciendo y viendo cómo el dolor de esas fuertes vivencias había causado una herida inmensa en el corazón y los recuerdos de mi padre. El dolor se acrecentó al enterarnos del suicidio de un tío de mi padre, quien había vivido con ellos en Bogotá y que, al contraer cáncer de garganta, decidió quitarse la vida, también con cianuro. Todos esos dolorosos e inaceptables acontecimientos fueron acumulando dolor y angustia profunda en mi padre y para superarlo simplemente se refugiaba en la música y el alcohol.

Supe que mi padre nació en Pereira, pero muchos de sus años de adolescencia los pasó en Valledupar. Por ser tan talentoso con su voz y su habilidad para tocar instrumentos, conformó un conjunto vallenato y tenían muchísimos seguidores. Se apasionaba cantando y demostrando sus talentos al tocar el acordeón, la guitarra, el piano, las congas, los tambores, y las maracas.

Recuerdo un viaje a Cúcuta con mis madres y mi hermano para visitar y conocer a una tía de mi padre. Cúcuta es una ciudad muy caliente, nos recibieron con unas cálidas atenciones. Un día salimos a un parque donde había un festival de música y tocaban varias orquestas. Una de ellas interpretaba vallenatos y mi padre empezó a cantar entre el público, de inmediato todas las personas aclamaban que se subiera a la tarima. Él quería hacerlo, pero mi madre le rogó que no lo hiciera. Empezaron a discutir a la vista de todos y él se enojó de tal manera que, literalmente, la mandó a comer mierda y le dijo que lo dejara en paz. Mi madre, muy triste y humillada, nos tomó de la mano a mi hermano y a mí y nos alejamos del lugar.

Regresamos a la casa de la tía, empacamos todas nuestras cosas y tomamos un bus de regreso a casa. Lloramos muchísimo porque no entendíamos por qué íbamos a dejar a nuestro padre abandonado tan lejos de casa. El trayecto en bus de regreso era de 24 horas y así lo hicimos. Mi madre estaba totalmente decidida a no tolerar más el comportamiento de mi padre, esta vez en público.

Retornamos a casa y tres días después, nuestro padre regresó, muy arrepentido y pidiendo perdón. Le lloraba y suplicaba a mi mamá que le diera otra oportunidad, que prometía un cambio total, que no volvería a beber ni a tocar su música.

Desde ese día, las cosas comenzaron a cambiar. Mi padre se enfocó en el deporte y empezamos a ver un estilo de vida familiar muy diferente. Los tiempos de diversión y las vacaciones estaban centrados en las actividades deportivas. Mis años de adolescencia fueron felices y los disfruté muchísimo.

En nuestro pueblo, mi hermano y yo teníamos un gran grupo de amistades. Pertenecíamos al grupo de "Los Leos", una organización donde realizábamos muchas actividades de labor social para ayudar a diferentes entidades sin ánimo de lucro o familias con necesidades. Las fiestas y paseos se hacían con el fin de recaudar fondos para aportar y ayudar con estas causas o cualquier otra obra social.

Mi hermano consiguió su primera novia a sus 15 años: una niña muy bonita. Ella también pertenecía al grupo y siempre compartimos mucho tiempo porque sus padres eran muy amigos de los nuestros. Ella tenía dos hermanos y una hermana pequeña. Para ese entonces, yo tenía 13 años.

Recuerdo que para la Navidad, mi hermano estaba pidiendo permiso para pasarla en la finca de su novia, donde se reunían muchos de sus familiares y amigos para disfrutar las festividades navideñas. Yo quería ir también y empecé a rogarles a mis papás que me dejaran ir con mi hermano. Finalmente, los convencimos.

Ella era muy chistosa y Juan, uno de sus hermanos, un año mayor que yo, era muy simpático y a mí me atraía mucho. Disfrutamos un par de días en la finca y Juan me preguntó si yo quería ser su novia. Así, ese 24 de diciembre, empezamos nuestro noviazgo en secreto. Andaba feliz de saber que tenía novio, aunque no sabía cuál sería la reacción de mis padres cuando lo supieran. Pensaba ocultarlo por un tiempo porque, según mi sentir, era aún muy niña para tener novio. Juan tenía un hermano, Silvio, era demasiado alegre y muy jovial. Silvio tenía mi misma edad, 13 años. Cuando mi hermano traía a su novia a casa para visitarnos y compartir, también venían sus hermanos.

A Silvio lo apodamos Guto. A mi padre le fastidiaba por su delgada constitución y solía hacer apuestas de fuerza con él. Guto era un amigo lindo y especial con todos los de la barra.

Nuestros padres nos regalaron a mi hermano y a mí motocicletas de navidad. Casi todos los amigos de la barra teníamos moto y salíamos a dar vueltas por todo el pueblo en grupos de casi 20 motos con acompañante. La pasábamos súper rico y entretenidos. Algunos comenzaron a ir a los pueblos cercanos para conocer a otras chicas. En una de esas salidas, ocurrió una horrible tragedia: Guto iba en una moto con otro amigo manejando, no hicieron un pare en el pueblo de Chinchiná y, en ese instante, pasaba un camión. Los arrolló y una de las llantas traseras rastrilló el pecho de Guto, causándole la muerte.

Los de la barra nos queríamos como hermanos; estábamos en contacto diario. Esa tragedia fue algo horrible y doloroso para todos. La muerte de Guto fue tan traumática que, por muchos meses, mi hermano y yo tuvimos que dormir con nuestros padres porque llorábamos mucho y nos daba miedo estar solos. Nos tomó mucho tiempo superar esa dolorosa pérdida y vivimos de cerca el dolor de los padres de Guto, además porque eran los padres de nuestros novios.

Mis padres sentían mucha pena y angustia por los padres de Guto, y tratábamos de hacer actividades para que las dos familias juntas. Hicimos paseos de vacaciones a la costa y así estábamos con los novios y todos los papás al mismo tiempo. De verdad, eran las mejores vacaciones que uno se pudiera imaginar.

Mis padres eran los más generosos y admirados por todas nuestras amistades. En casa siempre había refrescos de toda clase y mucho mecato para todos. Nos daban gusto en todo y vestíamos todas las prendas de la moda. En el transcurso de nuestra adolescencia predominaron las fiestas, paseos, vacaciones a diferentes lugares; fueron momentos y recuerdos alegres para disfrutar y vivir.

Cuando estaba a punto de cumplir mis 15 años, tenía muy claro que no quería ningún tipo de fiesta y prefería un paseo a la isla de San Andrés. Mis padres accedieron a darme ese regalo de cumpleaños y, para mayor sorpresa, invitaron a mi novio y a un amigo de la barra para que también estuvieran estos días con nosotros en la isla. Viajamos toda la familia y, la segunda noche en el hotel tocaron a la puerta. Yo me dirigí a abrirla y casi no podía creerlo: ¡eran Juan y Sudado, como le decíamos a nuestro amigo! ¡Qué sorpresa tan agradable!.

La experiencia vivida en San Andrés islas a mis quince años marcó una etapa crucial en mi vida. Recuerdo esa noche estando todos en una gran habitación abierta con muchas camas: estábamos mis padres, mi abuela Sarita, mi hermana Cecilia, mi hermano Diego, el Caleño —un amigo de la barra—, Sudado y Juan. Todos en camas individuales una al lado de la otra, excepto la cama doble de mis padres, quienes permitieron que mi cama estuviera al lado de la de Juan porque, como todos estábamos juntos, inocentemente pensaron que no habría peligro de tentación.

Pero esa noche las emociones estaban a flor de piel, nuestras hormonas estaban demasiado excitadas. Ninguno imaginó los fuertes sentimientos, los pensamientos y la pasión que palpitaban en mi mente y la de Juan, dos adolescentes vibrando en el silencio de la avanzada noche, despiertos y entrelazándose las manos y acariciándonos suavemente dedo a dedo mientras el ruido de los grandes ventiladores de la habitación se convertía en música de inspiración en medio del sopor nocturno. Nuestros cuerpos inexpertos ardiendo de excitación y emoción no antes experimentadas, pensando que todos estarían profundamente dormidos, como parecía.

Juan se levantó al baño y, desde la puerta entreabierta, me hizo señas que fuera. Sin pensarlo ni un instante y dejándome llevar por mis deseos y emociones, me levanté muy despacio sin hacer ningún ruido, me dirigí al baño. Qué impresionante es el poder de la adrenalina cuando toma la mente y el control de una persona. Nos dejamos llevar por una gran pasión, besos y caricias mezcladas con el miedo de saber lo que estábamos haciendo: no sólo lo indebido, sino exponiéndonos a que nos descubrieran. Un instante de cordura arribó en medio de la lujuria y nos detuvimos. Yo salí primero y regresé a la cama lo más silenciosa que pude, y luego Juan hizo lo mismo. Ninguno de los dos imaginamos lo que pasaría el día siguiente.

Íbamos todos de camino por la playa y yo más feliz de lo que nadie se podía imaginar, disfrutando de los más hermosos paisajes y colores del mar y playas de San Andrés en compañía de toda la familia y de tener a Juan a mi lado. "¡Mejores 15 años no había podido imaginar!".

Mis padres caminaban detrás de nosotros y nos veían caminar tomados de la mano, mientras conversaban con mi abuela. De repente, mi padre me llamó y me dijo que necesitaba hablar conmigo. Solté la mano de Juan y seguimos caminando. Mi padre, muy serio y desconcertado, al igual que mi madre, me dijo que no podía creer lo que habíamos hecho Juan y yo ¡en la madrugada! Mi abuela había estado despierta y se había dado cuenta de todo. No podían creer cómo yo había traicionado su confianza, celebrando mi cumpleaños y comportándome de esa manera. Por lo tanto, no tolerarían ni permitirían más mi relación con Juan. Regresaríamos al hotel para que Juan tomara sus cosas y se regresara a casa.

Mi felicidad se esfumó y se transformó en la más profunda tristeza y dolor.

Empecé a llorar y a pedirles perdón, pero no fue suficiente. Llamaron a Juan y también le hicieron saber la decepción que sentían por haber traicionado la confianza que ellos habían depositado en él. Todo se tornó en una triste realidad. Nos dimos la vuelta y regresamos al hotel. Mis padres hicieron que Juan tomara su equipaje y nos dirigimos al aeropuerto para que el regresara a casa.

Mientras estábamos en el aeropuerto, mis padres me dijeron que me despidiera de Juan porque ya no nos volveríamos a ver, no volveríamos a ser novios o a continuar viéndonos. ¡Qué escena más dramática y dura de vivir a nuestra edad!. No sabíamos cuál de los dos lloraba más. Recuerdo que Juan usaba una cadena con una medalla del Sagrado Corazón de Jesús que su madre le había regalado para sus quince años. Él se quitó la cadena, sacó la medalla y me la regaló. ¡Dios mío, qué historia romántica y cruel, de novela trágica y triste!

Juan se regresó a su casa y nosotros continuamos en San Andrés por los días de vacaciones programadas. Me la pasé llorando todo el tiempo. Cuando regresamos a casa le pusieron un candado al teléfono para que yo no pudiera llamar a Juan. Mi padre me llevaba todos los días al colegio en el carro y me recogía para que yo no tuviera ninguna oportunidad de buscarlo o encontrarnos. Mis padres estaban totalmente convencidos de que la distancia y la falta de comunicación harían que nos olvidáramos el uno del otro.

Para el año siguiente, cuando pensaban que mis sentimientos y deseos hacia Juan ya no existían, comenzaron a concederme un poco más de permisos. Fue entonces cuando comprobé un dicho muy popular: "Lo prohibido es lo más deseado". En la primera oportunidad que tuve de encontrarme a escondidas con Juan, después de tantos meses de tristeza y de llanto, nos vimos. El amor y el deseo fueron mucho más intentos, y nos entregamos el uno al otro. Perdí mi virginidad y empezamos a vernos por mucho más tiempo. Nos ingeniamos la manera de comunicarnos; presionando rápidamente él botón del interruptor y contando los dígitos a marcar. Así continuamos con nuestro noviazgo a pesar de las dificultades de vernos, con mucha intimidad a tan temprana edad y sin responsabilidad alguna.

Después de un tiempo, mis padres se enteraron de que habíamos continuado con la relación. Yo ya tenía más de dieciséis años y mis padres me hablaron de nuevo. Aprobaron que Juan viniera a visitarme a casa. Sin embargo, nuestros impulsos y deseos de adolescentes, explorando los peligros y riesgos de una sexualidad no responsable, nos llevaron a lo esperado: quedé embarazada a mis dieciséis años y estaba en octavo grado escolar. ¡Qué crítica situación enfrentaba!. Tenía casi nueve semanas de embarazo. Mis padres ni sospechaban la situación en la que me encontraba. Decidí abortar antes de enfrentarme a la tormenta de aquello que traería a mi vida.

Con la ayuda de mi mejor amiga, fuimos a un pueblo vecino, Dosquebradas, a casa de un supuesto doctor para que me realizara un aborto. Dios, qué cosa tan terrible de enfrentar, de vivirla y de continuar con ella en la consciencia. Fue un procedimiento demasiado doloroso y demorado. Juan y mi amiga estaban a mi lado para apoyarme y acompañarme. Hubo muchos gritos por el dolor desgarrador del atroz hecho. Mi amiga había pedido permiso para quedarse a amanecer en mi casa; cuando llegamos, supuestamente veníamos del colegio, pero no habíamos asistido ni tampoco Juan al suyo. Al entrar a casa, estaba sangrando impresionantemente. Durante toda la noche y unos días más, continué con una muy fuerte hemorragia. Mis padres preguntaban cómo estaba, por qué tanto en cama; yo les decía que tenía mi periodo y cólicos muy fuertes. Ellos me atendían, trayendo bebidas calientes de canela y pastillas para los cólicos menstruales.

Mi relación con Juan duró como hasta alrededor de mis dieciocho años. Para ese entonces, la relación se tornó tóxica: peleas constantes, lágrimas, reconciliaciones, resentimientos, celos y, finalmente, el amor se extinguió.

Fui seleccionada como la "Chica Simpatía" del Eje Cafetero y de todos los clubes Leos y viajé a representar el distrito cafetero en Cartagena. Viajé con mi hermano en avión y el resto de la barra viajó en bus. Había terminado con Juan por esos días, pero él estaba ahí en ese paseo/evento.

Todos los días teníamos actividades, celebraciones y fiestas todas las noches. Una de esas noches, celebrando en una súper famosa discoteca de la época, La Escollera, bailando y bebiendo, Juan me invitó a caminar por la arena al frente de la discoteca. Acepté, y empezamos a alejarnos del lugar, caminando descalzos, sintiendo como el vaivén de las olas tocaba nuestros pies. Muy románticos y cuando menos pensamos, estábamos besándonos, dejándonos llevar por el sonido de la brisa de la noche y con la luna llena hermosa que nos acompañaba.

Instantes después teníamos a un par de policías con sus linternas pidiendo que Juan pusiera sus manos en alto. Le pidieron sus documentos y, cuando él sacó su billetera para mostrar la cédula, el policía le arrebató la billetera y le sacó todo. En ese instante, asustada por la situación, me enteré por primera vez que Juan consumía cocaína. ¡Qué dolor sentí en mi corazón, al darme cuenta con mis propios ojos de algo así y sin jamás haberme enterado de eso!. Los policías olfatearon una gran oportunidad en ese momento, lo esposaron y forzaron para llevarlo a la comisaría. Empecé a llorar, suplicando que no se lo llevaran, que cómo me iban a dejar sola para regresar a la discoteca y reunirme con mi hermano y el resto de nuestros amigos.

Los policías, súper corruptos, nos pidieron una gran suma de dinero que obviamente no teníamos. Entonces uno de ellos propuso la otra opción: que yo les diera una de mis joyas, unas preciosas joyas que mi madre me había prestado ¡para lucirlas durante los desfiles! ¿Qué tuve que hacer? Deshacerme de un precioso anillo de esmeraldas con diamantes y entregárselos. Inmediatamente nos dejaron ir y desaparecieron en silencio.

Regresamos a la discoteca; ya estaban cerrando y todos nuestros amigos nos buscaban afuera. Juan les contó que unos policías nos habían atracado, pero no les contó por qué. Yo no quería ni hablar; mi hermano estaba enojadísimo y me insistía que contara qué había pasado. No quería que las hermanas de Juan ni el resto de nuestros amigos se enteraran que él tenía una bolsita de cocaína en su billetera y que los policías se habían aprovechado de la situación para robarnos. Solo les confirmé que me había tocado entregarles uno de mis anillos para que no se llevaran a Juan y me dejaran sola.

Mi hermano estaba furioso y quería investigar quiénes habían sido los policías que nos habían hecho esto. Paró un carro-patrulla y les informó lo sucedido. Insistían preguntando si recordábamos algunos de los nombres, pero no quise decirles porque sabía que las cosas se harían más complicadas. Aparte, esa experiencia fue la que marcó la decisión definitiva de terminar mi relación con Juan y para siempre.

Para mis diecinueve años, estaba ya cursando mi último año de bachillerato y se aproximaban las festividades del pueblo. Siempre había casi dos semanas de eventos, muchas fiestas, y un reinado donde se elegía la reina del pueblo. La Casa de la Cultura invitó a un grupo de chicas adolescentes para participar en el certamen.

A mi casa vino el Comité de la Casa de la Cultura para hablar con mis padres y pedirles el consentimiento para ser una de las candidatas. Mis padres aceptaron. Fue algo muy bonito y elegante; todos los días teníamos actividades y desfiles en pasarelas, entrenamientos de cómo caminar y modelar. Nos hacían hermosos maquillajes y nos daban accesorios como zapatos, vestidos de baño, etc.

Durante esos desfiles y fiestas por todo el pueblo, siempre veía la presencia de Juancho, sí era otro Juan. Este, como dice la historia, sí era el don Juan. Él y su familia eran los dueños de un gran almacén de ropa de mucho prestigio en el pueblo. Para mi criterio, un hombre demasiado atractivo, pero mayor que yo, creería que casi quince años más. Se mantenía bien vestido, olía delicioso y andaba en un bonito automóvil. Era muy conocido por mis padres porque él, sus hermanos y su madre siempre compraban sus joyas en mi casa. Este hombre había tenido varias novias en el pueblo, las mujeres más bonitas y las elegidas reinas del pueblo.

Empezó a conquistarme, a seguirme durante todos los eventos y a hacerme mil invitaciones. Me sentía fascinada de ser cortejada por él, me lo imaginaba como un amor platónico al que yo no tendría oportunidad por la diferencia de edades y porque no pensaba que se fijara en mí de verdad. Pero me equivoqué. Cuando menos lo pensé, me empezó a mandar flores, regalos y me seguía en todos los eventos del reinado. Bueno, caí redondita y empezamos una relación.

No estaba acostumbrada a bebidas alcohólicas, pero Juancho, como lo llamaba todo el pueblo, bebía mucho aguardiente. Siendo su novia, me hacía beber con él para que yo me desinhibiera y no me preocupara de obedecer a mis padres la hora impuesta de llegar a casa. Odiaba el sabor del aguardiente, pero poco a poco me empezó a gustar, y cada vez tomaba más, a punto de no importarme ni la hora de llegada a casa, ni irme con Juancho para donde él quisiera. Nos íbamos a otras ciudades en cualquier momento y mis padres ni se enteraban; en algunas ocasiones mentí y no regresé a casa. La relación, llena de aventuras y emociones a un nivel mucho más elevado, me seducía. Andaba feliz y completamente enamorada. Me hacía sentir la mujer más hermosa del mundo, me llevaba a todos los lugares y se sentía súper orgulloso de que yo fuera su novia.

Todos me conocían por el reinado o porque era la hija de los mejores joyeros del pueblo y sus alrededores. No fui elegida como reina del pueblo, pero sí tuve muy buena participación en todos los eventos y me destacaba en las entrevistas.

Así terminé mi bachillerato y me fui a Manizales para estudiar una carrera universitaria que no tenía nada que ver con lo que a mí me gustaba, pero que, por la conveniencia de vivir con mi hermana, sería el plan perfecto para mis encuentros con Juancho. Anhelaba estudiar idiomas, me fascinaba el inglés, quería aprender otras lenguas y llegar a ser intérprete simultánea.

Mis resultados de las pruebas del Estado para el ingreso a la Universidad Católica de Manizales no fueron aceptados. Había hecho un curso de preparación para tomar las pruebas del ICFES y tener un buen puntaje, pero no lo logré. Mi madre tenía clientes por todas partes, y en particular, una buena amiga y cliente de la Universidad Católica, una bacterióloga, me ayudaría a ingresar a la universidad para estudiar bacteriología si yo estaba dispuesta a hacer un semestre de Preuniversitario en esa carrera. ¡Guau! Qué cosa más difícil y compleja.

Viviendo en Manizales, de cierta manera, me sentía más madura porque estaba rodeada de personas de universidad, muy responsables y que querían estudiar esas carreras. Juancho venía a visitarme a Manizales y salíamos mucho. Mi hermana estaba terminando su carrera de Economía en la universidad y quedó en embarazo. Tuvo que parar la carrera, se salió de la universidad y viajó un mes antes de tener el bebé a Santa Rosa de Cabal para que mi abuela y mi madre le ayudaran con todo el proceso postparto. Me quedé en Manizales, feliz en el apartamento, sola y recibiendo las visitas de Juancho. Vivía mis 20 años en medio de todo este loco libertinaje, para finalizar el año, me enteré que estaba embarazada de Juancho. Me asusté muchísimo, pero al mismo tiempo abrigué una inmensa alegría.

Hablé con Juancho; él aparentemente se puso muy feliz y me dijo que se alegraba y que saldríamos adelante con todo. Empezamos a hacer planes, pero le decía que mis padres no aceptarían que les hubiera respondido de esta manera cuando ellos me estaban apoyando con mi educación para un buen futuro. Un embarazo en medio de mis estudios, sin estar casada, sería una decepción para mis padres.

Toda mi vida soñé con conocer los Estados Unidos y vivir en otro país. Juancho empezó a convencerme que quizás eso sería una hermosa opción para nosotros, iniciar una linda familia en otro país, que empezáramos a planear todo y nos fuéramos. Empecé a rogarles a mis padres que pidiéramos la visa para que mi hermano y yo viajáramos en esa Navidad a conocer a "Disney World".

Mis padres habían venido a Estados Unidos y sólo tendrían que renovar la visa y pedirla para nosotros. Les rogaba que ese era el único regalo de navidad que yo quería: venir a conocer este país. Era el plan que estaba teniendo con Juancho.

Convencí a mis padres y fue fácil porque mi hermano siempre soñaba también con viajar a este país. Fuimos a Bogotá a pedir la visa y nos la concedieron.

Estando en pleno diciembre y haciendo todos los planes como Juancho me propuso, que viajara yo primero y después él vendría a reunirse conmigo, muy inocente pensé que tenía razón. Empecé a agilizar el plan para viajar lo más pronto posible. Sabía que mi hermano también quería viajar, pero él no tenía ninguna urgencia de hacerlo y menos durante las festividades de Navidad. Siendo tan precoz, astuta, manipuladora y controladora, empecé rápidamente a planear todo en torno a pedir a mis padres que eso era el regalo que yo quería de Niño Dios. Eran muy complacientes y siempre nos preguntaban qué deseábamos de regalo.

Era la primera semana de diciembre. Llamé a una agencia de viajes del pueblo, Viajes Isa, donde una muy buena clienta y amiga de mi madre era la dueña. Hablé con doña Gloria y le dije que estaba llamando para que me hiciera una cotización de dos pasajes a Miami para ese fin de año. Sabía que mi madre había tenido una conversación con otra de sus clientes, la mamá de un gran amigo de mi hermano en Miami, Zulú. Mi madre le había comentado el interés y deseo tan grande que teníamos de ir a conocer y visitar Disney World. Ella le dijo que su casa tendría las puertas abiertas en el momento en que decidiéramos ir. Tenía esa opción en mi mente cuando llamé a la agencia de viajes. Doña Gloria me dijo que los pasajes estaban muy costosos porque era temporada alta de vacaciones, pero que había un vuelo especial solo para viajar justo el 24 de diciembre. Entonces, adelantándome a cualquier pregunta que les hiciera a mis padres o hermano, separé dos tiquetes para esa fecha tentativamente.

Luego empecé poco a poco a convencer a mi madre que fuéramos a visitar la agencia de doña Gloria sólo para averiguar cuánto valían los pasajes a Miami y que imaginaba que de pronto habría alguna promoción para Navidad. Finalmente la convencí y fuimos. Mi hermano quería hacerlo en enero para poder disfrutar de la Navidad al lado de su hijita Laura, mi bella sobrinita quien estaba siendo criada por mis padres en casa, una bebé que consentimos como una hermanita.

Estando en la agencia de viajes, mi madre le comenta a doña Gloria que estábamos solo para averiguar el precio de los pasajes y ella le dice: "Sí claro Marinita, yo hablé con Patricia ayer por teléfono y le hice la reserva para la súper tarifa de promoción del 24 de diciembre, pero la deben pagar en 24 horas para asegurarla". ¡Bendito! Ahora estaba yo metida en ese lío. Mi madre se enojó conmigo en ese instante. Doña Gloria empezó a suavizar el ambiente diciendo: "Marinita, estos jóvenes de hoy día sólo quieren salir del país y explorar otros horizontes, aprovecha esa buena oferta, cuadramos con unos regalitos que necesito de Navidad en joyas para la familia". Mi madre le respondió: "Déjame hablar con Alfonso y decidimos qué hacer al respecto". Supe que estaba en líos.

Nos fuimos a casa y, como era de esperarse, mi madre empieza a contarle a mi padre lo que pasaba. Él, cuando se encontraba en situaciones como esta reaccionaba con enfado y feas palabras, y concluyó, ¡Que se vayan para la HP mierda si no les importa pasar la Navidad con la familia y esperar para viajar después, que se larguen, paguemos los pasajes y listo!. Me quedé preocupada y sintiéndome doblemente culpable por esa situación y por mi embarazo. Se venía la otra parte de esta trama que yo estaba armando.

Mi hermano no tenía la mínima idea de lo que estaba ocurriendo. Cuando mis padres lo vieron, empezaron a decirle que cómo era posible que no fuéramos a pasar la Navidad juntos y que quisiéramos viajar justo el 24 de diciembre. Mi hermano dijo: "¿Cómo así? No tengo idea de lo que me están diciendo, ¿Cómo no voy a estar al lado de mi hija en Navidad?". Cada vez estaba más hundida en mi propio problema, en mi propio enredo, en mi propia angustiosa situación. Tuve que convencerlo con mucha sutileza y sacarle una lista de las grandes ventajas de viajar para esa fecha, especialmente el gran descuento en los pasajes. Le decía que en cualquier momento sería difícil separarse de la niña, pero sólo iríamos por un par de meses. Ninguno ni cerca de imaginarse mi total intención: viajar y lo más pronto posible para que Juancho viajará y estuviéramos juntos.

Mientras escribo toda mi trayectoria de vida y llegó a este punto, me cuesta aceptar qué tan ingenua, astuta e ilusa a la vez era. Tenía astucia e imaginación para manipular y, al mismo tiempo, ¡era demasiado ciega para ver la realidad! Finalmente, convencí a mi hermano de viajar esa fecha, animándolo porque mi cuñada, la mamá de su bebé, estaba en Nueva York y se reunirían más rápido.

Nuestros padres pagaron los pasajes y mi madre llegó a un buen negocio con doña Gloria. Habló con la mamá de Zulú de Miami, quién estaba muy contenta de poder recibirnos en su casa, y su hijo muy contento de estar con mi hermano. Me vi con Juancho y le conté cómo estaba progresando la ida a Estados Unidos. Se puso muy contento y me contemplaba, animándome que todo saliera bien, que tuviera muchos medios para llegar pronto a Miami y viviríamos juntos.

Cruzando fronteras bajo mis alas
24 de Diciembre de1991

Viajamos a Miami. Por aquel entonces, no existían los teléfonos celulares, y mi único plan era llegar y empezar a comunicarme con Juancho llamándolo al almacén. En la casa de Zulú, nos hicieron una linda bienvenida; estaban celebrando Navidad con muchas amistades.

Desde el día que viajamos, empecé a sentirme mal, me empezaron los mareos más horribles de la vida. Pensé que quizás era por el trayecto lo que me tenía tan indispuesta, así que me excusé de la celebración de navideña y me acosté temprano. A partir de ese día, empezaron todos los malestares del primer trimestre de mi embarazo: todo me provocaba náuseas y me la pasaba escondida en el baño. Afortunadamente la mama de Zulu se iba para el trabajo muy temprano y su hermana, Alexandra, también salía para el colegio, así que yo permanecía en casa durante el día. Zulú por su parte, estaba feliz con mi hermano y salían todo el día. Esto me permitía quedarme sola, vomitar y limpiar todo sin problema.

En esa semana, conocí a Iván, un amigo de mi hermano y de Zulú que también pasó mucho con ellos. Él también era de Santa Rosa y regresaba a Colombia esa misma semana. Aproveché la oportunidad y le pedí el favor de llevarle una carta a mi mejor amiga en ese momento, Luz. Él aceptó con mucho gusto.

Aquí es donde las cadenas entrelazadas de mentiras que había creado comenzaron a destaparse, y las verdades empezaron a tomar forma. Iván viajó a Colombia, pero no recuerdo por qué razón no le entregó la carta a Luz directamente; en su lugar, se la entregó a mi mamá y le pidió que por favor se la hiciera llegar a Luzma. Mi madre abrió la carta. En ella, le suplicaba a Luzma que buscara a Juancho y le diera el número de teléfono de donde me encontraba para que él me llamara y pudiéramos continuar con nuestros planes lo antes posible. También le contaba sobre los malestares del embarazo y lo mal que me estaba sintiendo desde que llegué, que no paraba de vomitar y sentirme muy mareada. En fin, todo lo relacionado con mi embarazo. Mencionaba también que había intentado llamarlo al almacén, pero que cada vez que alguien contestaba me decían que no estaba en el momento; ahora sé que siempre se negaba a atenderme. Yo estaba totalmente inocente de que mi madre había leído la carta y que no se la había hecho llegar a Luzma.

Llegó el 31 de diciembre. En medio de la celebración y la despedida del año, decidimos llamar a nuestros padres para desearles un feliz Año Nuevo. Mi hermano estaba tomando licor, muy alegre y emocionado con sus amigos, pero también extrañaba a nuestra familia, en especial al bebé.

Cuando llamamos a nuestros padres, mi mamá le contó todo a Diego: lo que estaba pasando. Yo notaba que Diego me miraba horrible, pero no sabía de qué estaban hablando con mis padres. Luego de un buen rato, me pasó el teléfono. Yo, feliz para escucharlos y desearles el feliz año, oí a mi madre decirme el peor de los insultos que jamás escuché en mi vida de una madre. Tenía toda la razón para decirme lo que me dijo. Mi padre me insultó; me trataron de traicionera, sinvergüenza, mentirosa, que los había defraudado y decepcionado. Yo solo lloraba al escucharlos, y luego me colgaron el teléfono.

Al colgar, mi hermano me agredió. Empezó a empujarme en presencia de personas extrañas que estaban en la celebración. Recuerdo que Zulú intervino y lo apartó para que no me pegara más. Corrí al baño y me encerré en la tina por muchas horas. Lloré desesperada, quería morir. Así pasé varios días en esa casa, sintiéndome horrible, solo llorando; cualquier cosa que comía me hacía vomitar. Unos cuantos días después, mi hermano habló por teléfono con mi cuñada y le contó la situación. Ella, con mucho amor, me dio la mano.

Mi hermano y Zulú, tenían un amigo muy especial en Nueva Jersey, a quien yo no conocía, pero que llamaba mucho a mi hermano incluso cuando todavía estábamos en Colombia. A este amigo le decían Maluco o Pinina. Cada vez que él llamaba a Colombia para hablar con mi hermano, yo contestaba y conversábamos bastante; siempre me decía que le gustaría conocerme en persona.

Nunca le conté la difícil situación en la que me encontraba. Sin embargo, mi cuñada conocía a Maluco y ellos se comunicaron sobre cómo podrían ayudarme. Fue entonces cuando me mandaron el pasaje para que yo viajara a Nueva York, y ellos mismos me recogieron.

Llegué a Nueva York para vivir con mi cuñada, quien se portó muy bien y fue muy amable conmigo en ese momento en que tanto apoyo necesitaba. Le conté todo sobre los planes con Juancho y cómo, desde que viajé, no había podido volver a hablar con él. Ella se enojó mucho. Empezó a llamar al almacén y, al darse cuenta de que siempre lo negaban, le contó toda la situación a Chucho, el hermano de Juancho. Chucho, a su vez, le reveló que todo le parecía muy extraño porque Juancho tenía otra novia, que también estaba embarazada y con quien pensaba casarse.

¡Wow! Qué sacudida tan profunda para mi vida. Fue entonces cuando empecé a sentir unos dolores bajitos, más fuertes que cualquier menstruación, y luego empecé a sangrar. Mi cuñada me llevó de inmediato a un centro de ayuda para mujeres embarazadas de bajos recursos. Allí me hicieron un ultrasonido. Cuando llegó el ginecólogo, acompañado de un traductor, me dijo que tenía un embarazo de muy alto riesgo. Explicó que en mi útero había un racimo de quistes grandes que no dejarían espacio para que yo pudiera continuar con el embarazo, pues la criatura no tendría lugar para desarrollarse.

Mi dolor, la angustia y la desolación eran muy profundos. Saber lo que el hermano de Juancho le había dicho a mi cuñada era devastador. Mi cuñada, Maluco y yo hablábamos con el doctor, con la ayuda de Maluco traduciendo. Nos dijo que lo más sabio y recomendado en mi situación era programar un aborto, porque de lo contrario el bebé no tendría cómo seguir formándose y, además era necesario remover los quistes del útero. Salimos del centro médico y yo me sentí desvanecer, sentía cómo mi mundo se acababa. Me estrellaba contra la muralla más grande que pudiera existir.

Mi cuñada intentó de nuevo llamar a Juancho, decidió confrontarlo con todo lo que estaba pasando, pues sabía que si yo lo llamaba, no me lo pasarían al teléfono. Logró hablar con él y comunicarle lo delicado de mi situación. Él ni preguntó en detalle cómo me encontraba ni quiso hablar conmigo; sólo le dijo que tenía un amigo en NY y que lo llamaría para que contactara a mi cuñada y le pasara un dinero para cubrir los gastos médicos de mi procedimiento.

Me di cuenta dolorosamente de que ese hombre había abusado de mi ingenuidad, y falta de madurez. Ahora tenía otra mujer en su vida. Entendí que por eso había apoyado tan intensamente mi idea de viajar. Ahora él tenía toda la libertad para continuar su vida con esa otra persona que también estaba embarazada. Desde ese instante, empecé a sentir un profundo asco y odio hacia él. Sentía que mi vida no valía nada. Me enfrenté a los peores errores de mi vida, los que me llevaron a tan temprana edad, a tener dos abortos.

Había decepcionado a mis padres, había dejado tirada una carrera de universidad que mis padres se esforzaron en pagar para que yo estudiara. Estaba en otro país, sin hablar el idioma y con una cantidad de sueños rotos, todo por mi irresponsabilidad. En esos instantes, recordaba una ocasión en la que casi me quitó la vida, de la misma manera que lo habían hecho mis abuelos.

Crecí escuchando algunas conversaciones de mi padre, o más bien diciendo bajo los efectos del alcohol, en los que con mucha rabia decía que un día él también acabaría haciendo lo mismo: tomando cianuro y acabando con su vida. En esos días recordaba cuando estaba en mi época de adolescente, cuando atravesaba la dura separación de no poder ver a Juan. En aquel entonces, había sacado una buena cantidad de cianuro del taller de mi padre y la mantenía en un recipiente plástico conmigo, pensando algún día tenerlo que usar.

En una ocasión, mientras estaba en Manizales terminando el preuniversitario, me sentí contra la pared por defraudar a mis padres y no corresponder responsablemente con la carrera de Bacteriología. Me encerré en el baño después de una muy fuerte discusión con mi madre, quien me dijo que regresaba a casa porque yo no tenía ningún otro lugar adonde ir, pero que hasta ese día contaría con ella. Estando en el baño y con el recipiente del veneno en mis manos, lo destapé con toda la intención de tomármelo. En ese instante, caí de rodillas al suelo y empecé a llorar profusamente; sentía la voz de Dios susurrándome al oído que no lo hiciera. El olor del cianuro puro es fuerte y horrible. No fui capaz de hacerlo y lo desocupé en la taza del sanitario. Ahora, estando en NY, en esta nueva etapa de mi vida, me encontraba anhelando tener ese recipiente. Tenía toda la determinación para terminar con mi vida y parar de cometer más errores, y ocasionarles más dolor a mis padres.

Después de un tiempo, me recuperé gracias a la ayuda y el apoyo de mi cuñada. Conseguí un trabajo en una agencia de viajes donde me ofrecieron la oportunidad de entrenarme, con la promesa de una contratación si superaba esa etapa. Puse todo mi empeño y dedicación, y así fue, en menos de un mes, ya estaba trabajando como agente de viajes para diferentes aerolíneas.

Pasaron un par de meses hasta que mi hermano viajó de Miami para reunirse con mi cuñada. Llegó a vivir con nosotras y, lamentablemente, empezaron otra vez las horribles peleas entre ellos. Salían a bailar y yo me quedaba en el apartamento con Jaidy, la otra niña de mi cuñada. Regresaban alcoholizados, peleando y Diego se excedía en su furia, llegando a golpearla. Fue horrible revivir esa violencia; era como estar de nuevo en Colombia, experimentando el mismo abuso bajo la influencia del alcohol que había presenciado antes y después del nacimiento de Laurita.

Cuando mis padres llamaban, siempre me preguntaban cómo estaba la relación de mi cuñada y Diego. Les preocupaba, pues sabían lo violentas que eran sus peleas y las constantes confrontaciones de ese estilo de vida que habían llevado juntos en Colombia con la "Niña", y mis padres sufriendo por esa situación. No quería que mis padres tuvieran una preocupación más, así que prefería ocultarles lo que vivía con ellos; las fuertes y muy duras memorias de sus vidas que prefiero no detallar aquí.

En Colombia tenía otra gran amiga, Erika. Siempre soñábamos con estar juntas y vivir en Estados Unidos. Ella tenía una tía, Marleny, que vivía en New Jersey. Llamé a Erika y le rogué que viniera lo más pronto posible para que viviéramos juntas. Mis padres conocían a la tía de Erika. Erika viajó y llegó a casa de su tía.

Conseguí otro trabajo para los fines de semana en NY como guía turística. Mi labor consistía en aprenderme de memoria, en inglés, todo el recorrido que hacía un bus turístico de dos pisos y estar en la parte de arriba hablando por un micrófono sobre los puntos históricos de la ciudad de Manhattan.

Mis padres empezaron a planear viajar a visitarnos. Tenían muchísimas amistades y clientes para visitar, y, al mismo tiempo, mi madre aprovecharía el viaje y vendería oro. Me sentía acompañada y feliz de tener a mi amiga Erika en NJ; nos visitábamos bastante. Ella vivía en un apartamento con su tía Marleny y su prima Karina. Empezamos a hacer planes para hacerles una bienvenida a mis padres en Junio, organizando actividades y toda una lista de amigos y clientes a quienes visitar.

Una de las amistades que mis padres querían visitar era Lilia Cardona, nuestra adorada odontóloga de toda la vida y una amiga especial de la familia por muchos años. Con ella, mis padres habían hecho un inolvidable viaje de vacaciones a Europa por dos meses cuando yo tenía 14 años. Felices de recibir a nuestros padres en NY, contábamos con Checho, un gran amigo de la familia a quien mis padres apreciaban mucho y teníamos fuertes lazos de amistad. Él vivía solo a medio bloque de distancia del apartamento de mi cuñada, quien felizmente les ofreció a mis padres una habitación en su apartamento para que estuvieran más cómodos ahí durante su estadía.

Fuimos a visitar a Lilia a su consultorio al finalizar el día para que estuviera sin pacientes. Cuando llegamos, Lilia estaba atendiendo unos pacientes de Santa Rosa a quienes nosotros conocíamos. Uno de ellos era Alexis, hijo del mejor amigo de toda la vida de mi padre, a quien por cariño llamábamos "Promesa", y quien había trabajado en la joyería con mis abuelos durante muchos años. Estaba allí con otros dos amigos de Santa Rosa (conocidos como Sadi y Caneco) y con su jefe, la persona para la cual ellos trabajaban como guardaespaldas. Alexis también nos presentó a su jefe, Sebastián, un señor como unos veinte años mayor que yo.

Mis padres estaban muy felices de estar con nosotros. Mi madre, como buena negociante, empezó a vender joyas desde el primer día de su llegada. Estábamos felices de compartir con ellos y, sobre todo, sentí la oportunidad de pedirles perdón y reconciliar mi relación con ellos.

En esa misma semana, después de nuestra visita a la doctora Lilia, Alexis empezó a llamar a mi madre al teléfono de Checho, donde ella se estaba quedando. Le pedía por favor que le consiguiera algún número para contactarme, pues su jefe, había quedado fascinado conmigo.

Cuando volvimos a vernos con Lilia para un asado en su casa, recuerdo que me decía que ese hombre estaba obsesionado conmigo, que la había llamado varias veces pidiéndole que le consiguiera la manera de hablarme. En ese entonces no teníamos celular; muy pocas personas lo tenían, entre ellas Alexis, sus compañeros guardaespaldas y por supuesto Sebastián, su jefe. Él le insistía a Lilia que sólo quería que yo le concediera una salida a cenar, le parecía hermosa y quería ayudarme en lo que necesitara.

Yo les decía que ni loca saldría con un hombre que era mucho mayor que yo, no quería tener ninguna relación con nadie; ya había cometido muchos errores. Mi madre y Lilia empezaron a insistir, diciéndome que aprovechara la oportunidad de recibir ayuda de Sebastián, que él tenía muchísimo dinero y estaría dispuesto a todo por mí.

Mi amiga Erika y su tía Marleny les hicieron una invitación a cenar a mis padres en NJ. La tía Marleny y su hija también invitaron a un par de amigos para que conocieran a mis padres y pasamos una linda celebración, hasta que hubo un conflicto y no quiero entrar en detalles pero mis padres estaban descontentos de haberse enterado que la relación entre mi cuñada y mi hermano no había cambiado para nada.

Marleny, una persona súper linda y especial conmigo, les ofreció a mis padres que me quedara a vivir con ella, su hija y Erika en su apartamento. Me daría trabajo ayudándole a limpiar las oficinas de algunos bancos. Mis padres me dijeron que tal vez de esa manera aprobarían que me quedara en EEUU. Estuvieron un par de semanas más y luego regresaron a Colombia.

Mi vida empezó a dar un gran cambio. Sebastián comenzó a conquistarme. Me fui del apartamento de mi cuñada a vivir al apartamento de la tía Marleny. Allí me recogía Sebastián todos los días. Sus atenciones, constantes invitaciones, y regalos muy lujosos, me hacían sentir querida y hermosa. Empecé a encantarme con estos maravillosos tratos hasta que me planteó que no quería que yo continuara viviendo donde la tía, que quería que viviera en un apartamento aparte. Él pagaría todo y yo no tendría que trabajar más. Eso sonaba maravilloso: él no viviría conmigo, vendría a visitarme casi todos los días, me daría un carro nuevo para movilizarme y, podía vivir con mi amiga Erika si quería. Eso, para mí, fue como el sueño que anhelaba desde que estaba en Colombia, y me propuso que lo pensara.

Hablé con Erika y empezamos a buscar un apartamento en el lugar que yo quisiera. Encontré uno precioso en un lindo edificio en Hackensack, NJ. Recuerdo el nombre: Edificio Imperial. Tenía tres habitaciones: una para Erika, una para alguna visita y la mía. Felices, empezamos a vivir como en un cuento de hadas. Sebastián me llamaba "la condesa." Todos los días salíamos a comprar lo necesario para amueblar el hermoso apartamento y lo que yo quisiera; ¡andaba feliz! Me compré un carro nuevo, Mazda 626 blanco. Venía a visitarme a diario, siempre acompañado con dos de sus guardaespaldas.

Sebastián me había dejado muy claro que lo único que me pedía era que nunca, pero nunca, le preguntaría en qué trabajaba, o por qué no se quedaba conmigo toda la noche, y mucho menos preguntas sobre su vida. Acepté esa condición y nunca pregunté nada. Después de sus visitas, siempre me dejaba un sobre con dinero para que saliera de compras y me diera todos los gustos. Me advertía que me tenía vigilada todo el tiempo y que si llegaba más tarde de las diez de la noche, tendría quien le informará. Yo me reía.

Mi amiga Erika consiguió un trabajo en una fábrica donde ensamblan álbumes con láminas de jugadores de béisbol, para coleccionistas. Estaba contenta porque yo la llevaba al trabajo y la recogía todos los días. El dinero que ganaba era para ahorrarlo, ya que no tenía ningún tipo de gastos viviendo conmigo. Nos divertíamos muchísimo y nos manteníamos de compras.

Cierto día, llega Sebastián y me dice que necesita hacerme una pregunta. Tenía una persona colombiana que trabajaba para él y necesitaba que viniera por un tiempo corto. Me preguntó si yo estaba de acuerdo con que se quedara en mi apartamento. Ella estaría la mayor parte del tiempo viajando, pero cuando necesitara llegar a NJ tendría un lugar fijo dónde hospedarse. Le dije que no tenía ningún problema. Llegó una chica muy dulce, Estella era su nombre; era la novia de uno de sus guardaespaldas de Santa Rosa. Nos empezamos a conocer un poco durante los escasos días que se hospedaba en el apartamento.

Llegó noviembre y Sebastián empezó a preguntarme si quería ir a Colombia a pasar Navidad con mi familia, cosa que me pareció extraña. Yo prefería pasarla con él porque no sabía qué complicaciones se podrían presentar de regreso. Me pidió que lo pensara y que volviéramos a hablar del tema. También me dijo que no podría pasar Navidad conmigo porque necesitaba hacer un viaje de negocios a Venezuela y no estaba seguro de cuánto tiempo estaría por fuera, pero que haría todo lo posible para ir a Santa Rosa a buscarme.

Cuando se fue, hablé con Erika y le comenté todo. Ella se puso feliz y contenta de que no me hubiera negado, ya que sería una buena oportunidad para ella porque su visa se vencería a fin de año y necesitaba viajar para renovarla. Le expuse mi temor de viajar a Santa Rosa, que las cosas se complicaran para mi regreso y la cantidad de sentimientos encontrados al regresar y quizá encontrarme con Juancho. Estella se encontraba en el apartamento y, prestando atención a mi conversación con Erika, me preguntó qué pasaba. Le conté y no aportó ninguna opinión en ese momento. Durante la semana, Sebastián volvió a poner el tema, me preguntó qué había decidido, le dije que aún no estaba segura de viajar, que prefería no hacerlo. Me comentó que viajaba al día siguiente y que me dejaba los pasajes de vuelo abiertos para Erika y para mí, por si decidimos viajar, además de dinero para que comprara regalos para la familia. Luego me dijo que él haría lo posible para ir a Colombia y así se despidió.

Cuando Sebastián se fue, Estella salió de su cuarto y me preguntó qué había decidido hacer. Le expresé mi indecisión y mis razones, y luego Erika también dio su opinión al respecto. Hubo un silencio de minutos y luego Estella me miró y me dijo: "Patricia, usted es una persona demasiado ingenua y ciega. Le he tomado un gran aprecio y en este momento mi corazón está que se me sale, no sé cómo hacerle ver las cosas sin que esto me traiga consecuencias graves."

Me asusté mucho y le rogué que por favor me dijera qué quería decir. Me hizo jurar que no hablaría jamás de lo que me contaría y, muchísimo menos de quién me lo había dicho. Le hice el juramento que así sería. Primero me preguntó si sabía qué tipo de trabajo hacía Sebastián. Le respondí que no tenía ni idea, que intuía que no era algo bueno, pero que él me había pedido nunca preguntar al respecto. Me hizo ir a su habitación y de abajo de su cama sacó tres maletas grandes llenas de bloques de billetes de US$100. Jamás en mi vida había visto cantidades tan exageradas de billetes, todos nuevos, como recién salidos del banco. Mis ojos casi se salían de mis órbitas. "Esto es lo que hacemos: lavado de dinero"., me dijo "Yo viajo a diferentes estados y jamás me han hecho abrir ninguna maleta porque la esposa de quién crees que se llama Sebastián es dueña de varias agencias de viajes y tiene todas las conexiones con el personal en los aeropuertos para que no me requisen. A ella le dicen "Veneno" porque es peligrosa como el veneno". Agregó: "donde ella se entere de que Chepe, el sobrenombre de tu supuesto Sebastián, está saliendo con una mujer, te manda a matar de inmediato. Chepe no se fue para Venezuela, viajará a Cartagena para encontrarse con otra mujer, una reina que lo tiene loco para que se casen. Veneno tampoco sabe sobre esta otra mujer. Él fingirá ir a Venezuela como ella cree y luego pasará a Cartagena para disfrutar de la aventura que le espera, por eso se siente culpable y quiere que tu viajes y estés con tu familia y que Erika esté contigo. Lo está buscando la policía y le tienen la pista cogida."

¡Dios mío! No podía creer todo lo que Estella me estaba diciendo. "Esto es demasiado serio y peligroso, y tú eres una niña de muy buena familia, con buenos sentimientos, y no sabes el peligro en que estás. Mi vida está igualmente en peligro por decirte todo esto y mi corazón se me desborda, pero hay un impulso en mí que me hace revelarte la verdad." Empecé a llorar inconsolablemente y le prometí de nuevo que jamás diría nada a nadie. Le agradecí de todo corazón porque era un ángel que en ese momento Dios estaba poniendo en mi camino para avisarme que debería huir de este peligro. "Si yo fuera tú", concluyó "de inmediato aprovecho este momento, viajo y hasta aquí llego."

Eso exactamente lo que hice. Compré cajas grandes, empaqué todas mis pertenencias del apartamento y llamé a una compañía de mudanzas para desarmar y guardar los enseres en una bodega grande. Desocupé todo, lo único que dejé fue el carro porque aún el trámite a mi nombre estaba pendiente y, además, pensé que si él regresaba y no lo encontraba podría mandarme matar. Contacté a una agencia de viajes y separamos fecha de regreso los primeros días de diciembre. Me sentía en total deuda con Dios, sobreprotegida y amada por Él. Percibía como su misericordia siempre cuidaba de mi vida y ponía ángeles en mi camino para que me guiaran y, de su mano, yo saliera de las situaciones en las que me metía sin pedirle su guía y sin oír sus advertencias. Sentí un deseo y una necesidad urgente de ir a un lugar donde pudiera hablar y llorar directamente con Dios, para pedirle perdón por todas las malas decisiones y errores cometidos en mi vida.

Alas que vuelven con lluvia
10 de Diciembre de 1992

Mientras viajamos a Colombia, le dije a Erika que no quería salir a ningún lado en el pueblo, solo deseaba compartir con mi familia; y si quería que nos viéramos, tendría que venir a mi casa. A pesar de no haber sido criada en el conocimiento y respeto a Dios, había estudiado todo mi bachillerato en un colegio católico de monjas y siempre sentí un impulso, dormido pero especial, en buscar una relación con Dios muy en el fondo de mi corazón. Hasta el día presente, tengo vívidos recuerdos de mi infancia: acostada en la noche en el patio, sobre una cobija, hablando con Dios y muchas de esas conversaciones terminaban en llantos muy profundos. Recuerdo hablarle y preguntarle si existía, si era verdadero. Le pedía que siempre cuidara de mi madre y que cambiará el corazón de mi padre. Le rogaba que me permitiera sentir su presencia y saber que era Él quien hacía palpitar mi corazón.

Estando en Colombia, me sentía feliz de compartir con mi familia después de un año de ausencia, pero al mismo tiempo tenía muchos sentimientos encontrados. No quería por nada del mundo salir al pueblo a ver a nadie, especialmente encontrarme con Juancho. Había escuchado que se había casado y que ya tenía un bebé.

Erika empezó a llamarme desde el día siguiente de mi llegada, rogándome que saliéramos a comer o, al menos, a vernos con Luz María. Le contestaba que no lo deseaba, y así pasó ese día y el día siguiente. Continuó llamándome toda la semana. Luego, para el día dieciséis, lo hizo en la mañana, suplicando que nos viéramos el fin de semana, aunque fuera solo un día para tomarnos algo. Finalmente, acepté vernos en Baden-Baden, una taberna de música americana, mi único sitio favorito en el pueblo, posiblemente el viernes dieciocho si me sentía de mejor ánimo.

Primer encuentro directo con Dios"
16 de Diciembre de 1992

Era miércoles. Decidí llamar un taxi y le pedí al conductor que me llevara a la iglesia del barrio La Hermosa, una iglesia pequeña y preciosa que había visitado un par de veces, hacía mucho tiempo, cuando recién había terminado su construcción. El taxista me dejó en el lugar, en horas de la tarde, antes de las 4:00 pm. La iglesia estaba totalmente sola. Desde que entré, sentí una fuerza en mi corazón que me impulsó a caminar hacia el frente, donde habían unas velas encendidas. Me acerqué, encendí varias velas y comencé a rezar el Padre Nuestro y el Ave María.

Sentí como mi corazón se inundaba de tristeza, vergüenza, dolor y culpabilidad. Cuando menos lo esperé, caí de rodillas y empecé a llorar sin parar, hablándole a Dios como si estuviera a mi lado, escuchándome y viéndome. Nunca había experimentado una conexión tan fuerte con Dios, y tampoco había buscado su presencia a solas en una iglesia.

Estaba teniendo una experiencia indescriptible. Abrí mi corazón con un llanto profundo y clamé su perdón. Confesé todos mis pecados, errores y traiciones a su inmenso amor y a mi familia, especialmente a mis padres. Me arrepentí de haber pasado por dos abortos y de haber estado viviendo mi vida sin ningún control.

Después de sacar todo de mi corazón, de pedir perdón por haberme alejado de su presencia por tantos años y de no haberlo buscado cuando lo único que hacía era cuidarme y protegerme, empecé a darle gracias. En especial, le agradecí por haber enviado a Estella como un ángel para hablarme y hacerme despertar de mi ceguera.

Agradecí cada una de las bendiciones que me había concedido a lo largo de mis años. Después de expresarle mi gratitud por todo su inmenso amor y de haber llorado por dos horas sin parar, le hice una promesa que siento fue un reto. Esto fue lo que le expresé:

"Si tú existes y has escuchado mi corazón clamando perdón, te suplico que te manifiestes en mi vida y me des la dirección correcta a tomar. Si me tienes en esta vida con el propósito de ser una mujer soltera, te ruego me permitas regresar a Estados Unidos y emprender un camino de soltera guiado por ti y a tu servicio. Si el propósito de mi vida es ser una mujer casada, te ruego que pongas en mi camino un hombre que venga con la intención de formar un hogar digno bendecido por ti, que no mire mi pasado ni me juzgue por él. Que yo no caiga en manos de más hombres, sino que sienta en mi corazón que ese hombre es enviado por ti."

Hice la promesa de seguir los pasos que Él guiara en mi corazón, y prometí ir los siguientes tres días a la iglesia para restaurar mi relación con Él. Ese tiempo en su presencia llenó de gran paz mi corazón. Estuve sentada un buen rato y, cuando empezó a llegar la gente para el servicio, me quedé en la misa. Regresé a casa sintiendo paz en mi alma. Al día siguiente, pedí un taxi y regresé a la iglesia, a la misma hora. No le conté a nadie dónde iría ni dónde estaba.

Llegó el viernes 18 de diciembre y Erika me llamaba e insistía preguntando si seguía en pie el vernos esa noche en Baden-Baden. Le contesté que sí.

Regresé a la iglesia para terminar mi promesa de tres días y le oré mucho a Dios, clamando que guiara mi camino y me permitiera serle fiel. Le pedí que continuara Él siendo mi sentir, que no me dejara caer más en mis errores, en mis malas decisiones, y que quería entregarle mi vida y confiar sólo en Él. Le agradecí de nuevo sacarme ilesa del peligro donde había estado esos meses al lado de "Chepe" y por ahora estar con libertad y salud.

Me quedé hasta la misa y, cuando terminó, me fui para Baden-Baden, aunque llegaría más de media hora antes a la cita acordada con Erika. Cuando entré, el sitio se veía vacío, pero en la barrita del centro departía un grupo de muchachos de los cuales conocía un par. Entre ellos estaba el dueño del lugar, a quien llamábamos el Mono Eric, y al popular Pecoso (Juan Manuel). El Mono se levantó de su silla y vino a saludarme, como siempre, efusivo y alegre, preguntándome por qué no había vuelto. No sabía que había estado fuera del país por un año completo. Le conté que hacía una semana había regresado y me llevó a presentarme a su hermano, quién también había llegado esa misma semana de NJ. Como Erika aún no llegaba, fui a saludar al Pecoso y a conocer a su hermano.

No tenía la menor idea de que el Mono tuviera un hermano menor que él. Nos presentaron y mi primera impresión fue la de un hombre apuesto, pero sin ningún interés para mí como mujer. Tenía claro que no estaba en búsqueda de pareja, especialmente porque sentía que había sido mucho más que suficiente todo el desastre que yo misma había permitido en mi vida. Irvin, era su nombre, bastante guapo. Empezó a hablarme en medio de todos y a preguntarme en qué lugar de NJ había vivido y a compartirme la coincidencia de que él también había vivido un año en NJ después de cinco años en Miami. Interesante escuchar su experiencia de vida, le empecé a preguntar si estaba de vacaciones en el pueblo. Me respondió que había decidido regresar por un tiempo a Colombia porque tenía un niño de cinco años y lo estaba criando solo, sin la madre. Una situación bien compleja porque para hacerlo tenía que pagarle siempre a alguien extraño que cuidara del niño y trabajar mucho sin poder estar más tiempo a su lado.

Me pareció muy honesto e interesante escuchar lo que nos compartía de su vida, criando a un pequeño y el por qué de la ausencia de la madre biológica presente en la vida de su niño. Nos contó que se había casado con una americana, en lo que parecía ser un matrimonio común. Ella era de Texas, con un estilo de vida muy irresponsable, y ni él ni ella estaban preparados para ser padres; su compromiso solo contemplaba lo acordado.

Debían estar permanentemente viajando entre Texas y Miami para mantener constancia y evidencias que su relación era válida. Tenían que guardar pruebas, como fotos juntos y en eventos compartidos, tal como lo hace normalmente cualquier pareja. Irvin continuaba su testimonio de vida, contando experiencias difíciles de imaginar para un hombre con un niño y sin la madre a su lado. Narró que cuando él recibió la carta de Inmigración donde le aprobaban la Residencia, su esposa (Caroline), viajó a Miami para celebrarlo. En ese viaje, estuvieron bebiendo y celebrando, en intimidad, Irvin se cercioró de preguntarle si ella planificaba.

Su esposa le contestó, que no se preocupara; que ella tenía unos periodos irregulares y que podía pasar meses sin ovular. Sin embargo, la lujuria hizo lo suyo: ella quedó embarazada con solo ¡una noche de intimidad!

Estaba completamente absorta en su historia cuando, en ese instante, llegó mi amiga Erika. Pensé sentarme aparte con ella en una mesa, pero todos la conocían y, de inmediato, la invitaron a sentarse con nosotros para seguir escuchando el relato de Irvin. En medio de aquel momento, de manera inesperada, entró un niño vendiendo rosas. Al pasar por nuestro lado, Irvin compró una hermosa rosa roja y me la regaló. Me sonrojé al instante y no sabía qué hacer; todos me animaban a que la aceptara, pero yo dudaba. Finalmente, le dije: "Pon tu nombre en la tarjeta para saberlo bien y la recibo." Él lo hizo, sin dejar de mirarme con mucha intensidad. Me preguntó si esperaba a mi novio o si tenía pareja. Me sonrío, y Erika, sin dudarlo, respondió: "¡No!". Todos se rieron y yo, para aliviar la tensión, lo animé a que continuara con su interesante historia.

Irvin insistió en saber si lo que Erika había dicho era cierto. Le confirmé que sí, era verdad, y que además, no estaba interesada en tener más decepciones en ese tema. Todos se rieron, incluido él. Fue entonces cuando continúo con su historia.

Contó que, unos cuatro meses después de aquella noche de celebración con su esposa y de que ella regresara de Texas, Irvin recibió una llamada. Era una hermana de su esposa Caroline, quién le contó que ella había tenido un accidente en moto y que, estando en el hospital, se había enterado de que estaba embarazada. Inmediatamente, Irvin la llamó. Caroline, de hecho, le confirmó que acababa de enterarse que estaba esperando un bebé.

Él, ingenuamente, trató de animarla, pensando que el embarazo debía ser de otra persona, ¡no de él! Le preguntó por el padre del bebé. Ella se disgustó muchísimo y le respondió que el padre de la criatura era él, y que, para rematar, ella nunca había tenido intimidad con un hombre porque era lesbiana.

En ese momento, Irvin se preocupó de verdad. Le aclaró que ambos conocían el tipo de relación que tienen y que ninguno de los dos estaba preparado para traer un niño al mundo. Él solo tenía veintiún (21) años en ese momento. Ella se exasperó, empezó a insultarlo, a decirle groserías y, finalmente, le colgó el teléfono.

Transcurrieron algunos días. Irvin intentó hablar con Caroline de nuevo, pero no lo consiguió. La incertidumbre por la decisión de ella crecía hasta que, por una cuñada, se enteró de que Caroline continuaba con el embarazo. Ante esto, él decidió viajar a Texas y abrir una cuenta en el hospital que suponía ella elegiría para el nacimiento del bebé. Empezó a pagar por adelantado y le mandó avisar que todo está previamente cancelado para el momento del parto. Sin embargo, Caroline decidida a no saber nada de él, optó por no ir a ese centro médico. A pesar de todo, el parto se adelantó y nació un precioso bebé prematuro de 4.11 lbs.

Después del parto de Ryan Anthony Gartner, Caroline accedió a que le avisaran a Irvin del nacimiento, y él, por supuesto, viajó a conocerlo. Comenzaron entonces un sinfín de situaciones y experiencias agotadoras y preocupantes para ambos. Eran muy jóvenes y tuvieron que asumir la responsabilidad de criar a un bebé, con los constantes viajes entre Texas y Miami en diferentes temporadas.

Tiempo después, y finalmente por comportamientos inadecuados de Caroline, Irvin ganó la custodia permanente y legal de Ryan. Caroline podría verlo en tiempo de vacaciones, cuando ellos lo acordaran. Irvin contó toda su historia y las difíciles situaciones por las que pasó durante esos tres años, desempeñando el papel de mamá y papá, enfrentando un gran número de retos. Siempre trató de hacer lo mejor que podía y creía que era lo correcto para el bienestar del bebé.

Una de sus duras experiencias había sido perder a una novia que había vivido con él un par de años en Miami. Ella jugaba con sus sentimientos y no estaba dispuesta a sacrificar su deseo de disfrutar la vida, como creía merecerlo, para ser la madre de un bebé que no era suyo. Al final, lo engañó y lo dejó.

Irvin tomó la decisión de viajar a NJ a vivir con Ryan en casa de una muy buena amiga, Viki, quién vivía con su familia. Ella le ofreció una habitación en renta, y la mamá y la abuela de Viki le ayudarían cuidando al niño. Irvin decidió aceptar y comenzar un nuevo camino con su hijo.

Nos impactó la respuesta que le dio a mi amiga Erika cuando le preguntó a Irvin en qué ciudad de NJ había vivido. Él le contestó que en Englewood, primero en la casa de una amiga y luego con un amigo que se llamaba Cristian. Para ese entonces, Irvin ya había mandado al niño a Colombia, con su mamá y hermanas.

A Erika le produjo curiosidad porque teníamos un amigo con ese nombre, que vivía en Englewood y que trabajaba en la fábrica de álbumes donde ella había trabajado. Yo la llevaba todos los días y muchas veces entraba y le ayudaba con su producción solo por entretenerme un par de horas.

¡Qué coincidencia! Era el mismo Cristian. Y lo más impresionante es que, un día, mientras Erika y yo vivíamos en NJ —era invierno y había nevado, y hacía mucho frío—, Erika hablaba con Cristian por teléfono y lo estaba invitando a nuestro apartamento a tomar chocolate caliente con queso y pan colombiano. Cristian dijo que le preguntaría a un amigo que vivía con él si quería venir.

¡Ja ja ja! Irvin recuerda que Cristian le preguntó sobre la invitación y él quiso saber si ella vivía sola o con alguna amiga. Cristian le dijo: "Ella vive con una amiga, pero la amiga tiene novio." Entonces Irvin le contestó: ¡Ah no, yo no voy por allá! ¡Ja ja ja!

Atando cabos los tres, nos dio un ataque de risa porque caímos en cuenta cómo el destino casi nos permite habernos conocido meses antes en New Jersey, ¡y ahora estábamos allí, conociéndonos y hablando de nuestras vidas!. Entonces Irvin inquirió, ¡Ah! ¿O sea que tú si tienes novio? Y así, empezó mi turno de contar mi historia con el supuesto Sebastián.

Era chistoso cómo los ojos de todos nuestros amigos estaban a punto de salirse, y sus oídos, estaban tan atentos, esperaban escuchar tanto la historia de Irvin como la mía, y conocer algunos de los personajes reales de mi relato: los guardaespaldas de

Sebastián, su nombre falso y su alias "Chepe." Mientras les contaba mi historia, Irvin me hablaba con sus preciosos ojos. Tenía una mirada a través de la cual yo sentía que podía ver su corazón, y percibía a un hombre sincero, que había pasado por cosas difíciles, algunas por sus malas decisiones, tal como me había sucedido a mí.

La noche avanzaba y, entre las caras conocidas, destacaba un chico que había compartido gran parte de la vida de Irvin en Miami. Yo no lo conocía de antes; él, como los demás, escuchaba atentamente nuestros testimonios. De pronto, interrumpió la conversación y dijo: "¡Muy buenas historias, pero estamos en diciembre y la rumba apenas comienza!. La discoteca debe estar increíble, ¡vamos todos!.

Agradecí la invitación, pero me negué rotundamente a ir a bailar. Quería evitar a toda costa ese club, pues sabía que era uno de los lugares favoritos de Juancho y no quería encontrarme con él. El chico, sin embargo, insistía que fuéramos, yo le repetía que no quería ir. Le decía "Erika, por favor, convéncela y vamos todos un rato, ¡yo los invito a todos!" Finalmente, la insistencia surtió efecto y terminamos rumbo al club.

Ese año y el anterior, el "Meneíto" era el baile de moda, y Erika y yo éramos expertas en bailarlo. Mientras caminábamos las dos cuadras que nos separaban del lugar, Irvin me comentó que él no era un buen bailarín; pero que por la ocasión y por ser navidad, se animaba. Al llegar al club, el ambiente era excelente. Nos ubicamos en un buen lugar, justo al lado de la pista. La conversación continuó, aunque mi diálogo con Irvin se tornó más personal, ya que los demás se dispersaron para saludar a conocidos y bailar. Cuando empezó a sonar el "Meneíto", un baile para bailar como una coreografía, Irvin y su amigo de Miami no sabían cómo hacerlo. Erika y yo comenzamos a enseñarles los pasos. En poco tiempo, estábamos todos bailando el "Meneíto" perfectamente sincronizados.

Cuando nos sentábamos, la conversación continuaba, hablábamos de cosas personales, casi confesiones mutuas. Nos reíamos a carcajadas, comentando lo curioso que era que nunca nos hubiéramos conocido antes. Cuando yo empecé a tener libertad de salir a bailar y a ir a Baden-Baden, Irvin ya vivía fuera del pueblo, y cuando él salía, yo solo era una niña, pues me llevaba seis años.

Hablamos de nuestros padres. Yo conocía a su papá porque era muy buen amigo de los míos y porque él tenía una novia, Gloria, una muy buena amiga y clienta de mis padres. ¡Qué locura recordar todo esto ahora!. Muchas veces, mis padres visitaban la casa de Gloria, la novia de su padre o se encontraban en casa de una buena amiga de mi mamá llamada Mélida, y me llevaban a mi cuando era niña. Mi padre cantaba y tocaba la guitarra en medio de tangos y música antigua. Irvin me habló de su mamá, a quien yo también conocía porque era la dueña de otra agencia de viajes del pueblo y de un expendio de lotería.

La noche avanzaba y, a lo lejos, vi a Juancho. Le hice señas a Erika para que fuéramos al baño. Las piernas me empezaron a temblar de nervios, rabia, ¡odio! Erika me pidió que lo ignorara, pues llevaba mucho tiempo allí y no me quitaba la mirada. Yo no me había dado cuenta. Le dije a Irvin que quería irme a mi casa, y él se ofreció gustoso a llevarme para que no tuviera que buscar un taxi sola. Le advertí a Erika que me quería ir; me sentía incómoda sabiendo que Juancho estaba ahí.

Salimos Erika, Irvin y su hermano, camino al carro que Irvin manejaba, que era de una de sus hermanas. Propusieron que entráramos a una taberna sólo media hora más y luego nos llevarían a nuestras casas. Aceptamos, y cuando entramos a esa linda taberna al aire libre, ¡al primero que veo sentado es a Juan!. Volteé a mirar a Erika y ella hizo una cara como de "¡no puede ser!". Sentía que estaba entrando en un espacio donde me encontraba con un espejo que me mostraba, una vez más, mis errores. Solo sentía muy dentro de mí una voz que gritaba: "¡Odio este pueblo, quiero regresar a USA lo más pronto posible! ¡No quiero estar más en Colombia!".

Nos sentamos justo en la mesa diagonal a la de Juan. Él me miraba sin parar; yo sólo le hice un corto saludo con la mano. Al poco tiempo, le dije de nuevo a Irvin que estaba cansada y quería irme a casa. Me dijo que no había problema. Llevamos a Erika y, mientras me llevaba a mi casa, me preguntó qué haría al día siguiente. Le contesté que dormiría hasta tarde. Me preguntó si aceptaría una invitación para ir a la finca de su hermana Madai en Combia, a la salida de Pereira, para conocer a toda su familia y a su niño. Le dije que no estaba segura de aceptar porque no sabía a qué hora me despertaría y si mis padres tendrían algún plan. Él aceptó con la condición de que me llamaría al teléfono de casa, y si estaba despierta, le respondería sí quería o no ir.

Normalmente, en mi casa, cuando era fin de semana, si alguien nos llamaba, nunca nos despertaban para pasar al teléfono y menos sabiendo que habíamos llegado tarde la noche anterior. Lo extraño de todo es que Irvin llamó al mediodía y mi madre contestó. Cuando le preguntó de parte de quién, él la saludó muy formal y le dijo que de un amigo de NJ. Mi madre tocó la puerta de mi cuarto y me despertó diciendo que tenía una llamada de un amigo muy formal de NJ. Me levanté y salí a contestar. Saludé a Irvin, me preguntó cómo había amanecido y si aceptaba la invitación a la finca. Le pedí un momento para hablar con mi madre y saber si no había algún plan de familia.

Mi madre me preguntó quién era él, y rápidamente le expliqué: "Es hijo de doña Yolanda Echeverry y el Mocho Gartner. También está aquí el pueblo y me invitó a una finca donde estará toda su familia. Me traerá de regreso temprano en la noche". Ella asintió, y volví al teléfono. Le dije a Irvin que, si me daba tiempo para alistarme, iría. Él respondió que me tomara todo el tiempo que necesitara y que lo llamara a un número que me dio cuando estuviera lista.

Me arreglé con esmero, quede súper bonita. Poco después, Irvin me recogió y partimos hacia la finca. Durante el trayecto, continuamos conversando mucho, compartiendo cada vez más sobre nosotros, con sinceridad y muy abiertos en contarnos todo. Yo seguía viéndolo muy guapo, pero mi mente estaba fija en mi meta a viajar a USA el 3 de enero, la fecha que ya tenía asegurada mi regreso.

Llegamos a la finca y, apenas nos bajamos del auto, había varios niños corriendo. Eran sus sobrinos. Entre ellos, un niño muy pequeño y delgado, con una sonrisa inmensa y unos ojos preciosos, enmarcados por unas cejas negras, grandes y pobladas. Se lanzó a saludar a Irvin, quien, al verlo, dijo: "Mira, te presento a una amiga". El niño es Ryan. Se acercó a saludarme y me abrazó con una fuerza sorprendente. Fue un abrazo que jamás en mi vida entera olvidaré. Pude sentir cómo mi corazón se conectaba con los latidos del niño, y cómo nos abrazamos con un amor nunca antes sentido. Estaba a su mismo nivel, en el suelo, cuando este pequeñito me miró, aún sonriendo, y le preguntó a su padre en inglés: " Can she be my Mom?" ¡Dios mío! Yo no hablaba inglés, pero vi cómo el rostro de Irvin se sonrojó mientras le respondía algo en inglés, algo que no recuerdo.

Le pregunté a Irvin qué había dicho el niño, pero para mi sorpresa, él pequeño Ryan me respondió lo que le había preguntado a su padre en inglés. Hablaba muy poco español y se notaba que se sentía mucho más cómodo comunicándose con su padre en inglés. El niño me invitó a que fuera con él dónde estaba jugando con sus primitos. Irvin, con una sonrisa, le dijo que esperara un momento, que primero conocería a toda la familia y luego jugaría con él.

Ryan no soltaba mi mano mientras entrábamos a conocer a la numerosa familia Gartner. Estaban sus cinco hermanas, su hermano el Mono Eric, los esposos de sus hermanas y, por supuesto, todos los niños. Era un ambiente lleno de vida y risas, y yo, de la mano de Ryan, sentía que algo importante estaba comenzando.

La finca era espectacularmente linda, muy grande y llena de lujos. Toda la familia me recibió de forma encantadora y formal. Después de que Irvin me presentó a todos, me fui a jugar un rato con Ryan y sus primos. Él no dejaba de mirarme. De repente, me observó el cuello, me tocó el lunar que tengo allí y le dijo a su papá que los dos teníamos el mismo lunar en el cuello, que yo podía ser su mamá. Irvin se asombró de lo que el niño decía y conversó un ratico con él en inglés. Luego, me comentó que no entendía por qué Ryan estaba actuando así conmigo, cuando apenas me estaba conociendo. Me dijo que, por el contrario, con la novia con la que había vivido tres años en Miami Ryan nunca se había comportado de esa manera. Ella lo había dejado por otro, pero el niño nunca la había percibido como lo estaba haciendo conmigo.

Yo también estaba asombrada de sentir esa hermosa conexión con él, y lo que más me movía, era un deseo de estar con este niño para siempre. Continuamos el resto de la tarde compartiendo con la familia, disfrutando de una deliciosa fritanga de cerdo y teniendo conversaciones muy agradables. Ya entrada la noche, me sentía cansada y le pedí a Irvin que me llevara de regreso a casa. Me despedí de todos y, al abrazar a Ryan para despedirnos, volví a sentir ese mismo latido tan hermoso en mi corazón.

En el camino a casa, Irvin me preguntó si podíamos parar a tomarnos un café en Pereira. Por supuesto, acepté. Nos detuvimos en un lugar al aire libre y pedimos un par de cafés. Continuamos conversando. De pronto, en medio de nuestra charla, Irvin me preguntó cuáles eran mis planes ahora que estaba en Colombia. Le respondí con honestidad que mis planes eran regresar a NJ el 3 de enero. Le expliqué que, una vez allí, quizás volvería a trabajar con la tía de Erika y, sacar mis pertenencias de las bodegas donde había dejado todo guardado.

Irvin me miraba muy profundamente. Guardó silencio por unos segundos que se sintieron eternos, y luego, me dijo: "Hay algo que siento la necesidad imperiosa de hacer, y si no lo hago, quizás me arrepienta por el resto de mi vida. ¿Qué me dirías si te pido que, por favor, no regreses aún a NJ, que te cases conmigo y empecemos una familia juntos, y luego regresamos todos a USA?". Continuó hablando, diciendo "Sé que esto te puede parecer una locura, que pensarás: ¿Cómo es posible que te esté haciendo esta proposición cuando te conocí el día de ayer? Que quizá estoy bromeando…". Yo quedé en shock. En ese momento, lo único que pasaba por mi mente era aquella noche en la iglesia, arrodillada, llorando y clamando a Dios preguntándole si él me perdonaría y si me tendría para ser una mujer casada que me pusiera a ese hombre enfrente, y que yo sintiera que era enviado por él.

Irvin seguía hablando, pero mi mente y mi corazón estaban en otro lugar, en una conversación íntima y desesperada le preguntaba a Dios: "¿Señor, es esto posible? ¿Eres tú quien me está contestando mis oraciones en este momento? ¿Me respondes así de rápido? ¿Eres tú quien todo lo puede y lo estás haciendo, respondiéndome con este hombre enfrente de mí que me pide ser su mujer?".

Pasaron varios minutos, hasta que sentí en mi corazón una confirmación y una voz que me respondió: "Sí, soy Yo que todo lo puedo.". Miré a Irvin fijamente, con una convicción que nunca antes había sentido y le respondí "¡Si, aceptó!", Él, aún más sorprendido, me preguntó, "¿Estás segura de lo que me estás contestando?". Y yo, sin dudarlo un instante, le reafirmé: "¡Sí, ciento por ciento!".

¡Dios mío! Nuestros corazones se inundaron de una felicidad inmensa. Hacía apenas un día nos habíamos conocido y ahora estábamos dando un paso tan trascendental para empezar un compromiso, la posibilidad de empezar una familia desde cero.

A partir de ese momento, muchísimas más inquietudes y conversaciones empezaron a surgir entre nosotros. Irvin me confesó que él nunca antes había sentido antes ese deseo de proponerle matrimonio a alguien, y muchísimo menos con tan poco tiempo de conocernos. Sin embargo, estaba completamente seguro de que yo era la mujer que él había anhelado encontrar. Yo, por mi parte, no tuve el valor de confesarle que mi respuesta del sí estaba basada en una promesa que le había hecho a Dios esa semana. Sentí en mi corazón que Dios me respondía a través de su propuesta. No lo hice porque mi relación con Dios había estado fragmentada por mis errores, y no tenía ninguna solidez de haberle sido fiel con mi vida.

En mi intimidad, sentía una gratitud profunda hacía Dios. Sabía que me estaba sorprendiéndome con su poder, su misericordia, su gracia y, sobre todo, su infinito amor por mí. Sin embargo, me sentía avergonzada de tener que enfrentar cualquier pregunta del por qué mi "sí" a un compromiso tan grande con alguien que apenas conocía. Prefería que me siguiera señalando y juzgando de "loca", de tomar las peores decisiones en mi vida. Total, ahora tenía veintiún años y era oficialmente mayor de edad; además ya no vivía con mis padres.

¡Felices nos besamos, y en ese instante, comenzamos nuestra relación!

Ahora venía el verdadero desafío: enfrentarnos a las reacciones de nuestras familias, amigos y otras personas, así como a los preparativos de una boda lo más sencilla posible, algo en lo que ambos estábamos de acuerdo. Irvin me llevó a casa y convinimos que me recogería al día siguiente para empezar con los trámites necesarios para nuestro matrimonio.

Era ya domingo 20 de diciembre. Irvin me recogió temprano para ir a almorzar con su cuñado Ramón, que era abogado. Él nos acompañaría a hablar con el sacerdote de una iglesia para preguntar qué necesitábamos para la boda. Yo aún no le había mencionado nada a mi familia, el nerviosismo me invadía.

Fuimos a una iglesia cerca de mi casa y entramos para hablar con el sacerdote al respecto. Nos atendió amablemente y nos preguntó que hacía cuánto éramos novios. Irvin, con toda la honestidad, le dijo que hacía dos días. La reacción del sacerdote fue inmediata y drástica. Indignado, nos pidió: "Por favor, retírense de mi iglesia". Él no estaba para perder su tiempo y mucho menos para ser testigo de un matrimonio que no duraría.

Salimos de la iglesia y Ramón, siempre pragmático, dijo que eso no era ningún problema, que él conocía a otro sacerdote en Pereira que nos casaría. Sin dudarlo, nos dirigimos a Pereira. Allí, en la avenida 30 de agosto, encontramos una pequeña y encantadora iglesia llamada Fátima. Por una curiosa coincidencia del destino, el sacerdote de esa parroquia era el mismo que había bautizado a mi sobrinita Laurita en Dosquebradas.

No tuvo objeción alguna de su parte, pero sí una condición: Dado que no habíamos realizado el curso pre-matrimonial, debíamos pagar por él y también por la confirmación de Irvin, quién aún no la había tomado. El sacerdote nos ofreció tres fechas para la boda: 26, 27 o 30 de diciembre. Elegimos el 30, que caía en miércoles.

Con la fecha definida y la certeza de que queríamos algo muy íntimo y sencillo, decidimos que la celebración sería en Baden-Baden, el lugar donde nos habíamos conocido. Mi cuñado, el Mono Eric, era el dueño del establecimiento, así que estábamos seguros que un día entre semana no representaría ningún inconveniente para su negocio y nos permitiría disfrutar de un espacio familiar.

Esa semana sería crucial para compartir la noticia con toda la familia. Invité a Irvin a mi casa el 24 de diciembre por la tarde, con la intención de que conociera a mis padres y encontrar el momento adecuado para hablar con ellos sobre nuestros planes.

Irvin llegó al caer la tarde. Se lo presenté primero a mi madre, contándole que era hijo de doña Yolanda Echeverri y el Mocho Gartner. Mi madre lo tomó con mucha simpatía. Luego llamó a mi padre, quién se unió a la conversación y empezó a contarle a Irvin lo buen amigo que era de su padre y todas las experiencias que compartían. Yo, por mi parte, estaba nerviosa, pensando cuál sería el momento oportuno de decirles que éramos novios desde hacía solo seis días.

De repente, de forma inesperada, Irvin sacó una pequeña cajita de uno de sus bolsillos. Me miró a los ojos y dijo: "Estoy aquí para que sepan que me estoy comprometiendo con Patricia y quiero que ella sea mi esposa." Me entregó la cajita, pero antes de que pudiera abrirla, mi padre salió de la oficina de mi madre diciendo: "¡A mí no me vengan con esas mariscadas, ¿qué hijueputas es esto?!" Y salió de la oficina. Mi madre nos miró y dijo: "¡sólo esto faltaba!", para luego retirarse también.

Abrí la pequeña cajita, dentro había una preciosa moneda de oro italiana. En una cara lucía el perfil de una mujer, en la otra, el de un hombre. Decía en latín: "Divididos, pero siempre unidos". La moneda se divide y cada uno usa su mitad. Conocía esas monedas porque mi hermana Cecilia había tenido una que le había regalado un novio, aunque no la había usado con el objetivo de compromiso. Partimos la moneda, nos besamos y, en medio de la tensión, Irvin me preguntó: "Entonces, ¿ahora qué? Con total convicción, le respondí: "No te preocupes, no soy una menor de edad y ya nuestra decisión está tomada."

Salimos de mi casa y fuimos directamente a buscar al Pecoso, la persona que, junto con mi cuñado Eric, nos había presentado. Le preguntamos si quería ser el padrino de nuestra boda. Él, convencido de que le estábamos gastando una broma, aceptó con un "sí, claro, ¿cuándo y dónde?". Le dimos los detalles, pero seguía creyendo que era una burla.

Luego, fuimos a visitar a Beatriz Giraldo, una gran amiga de Irvin a quién él quería que yo conociera. Le preguntamos si quería ser la madrina de nuestra boda. De inmediato aceptó, aunque estaba totalmente sorprendida, pues no tenía ni idea de que Irvin tuviera novia y menos aún de un matrimonio tan repentino. A pesar de la sorpresa, estaba contenta y nos deseó lo mejor.

Después de estas visitas, nos dirigimos a vernos con el resto de la familia de Irvin. Con el propósito claro: "Anunciarles que nos casaríamos el 30 de diciembre en la iglesia de Fátima y que, posteriormente, haríamos una pequeña recepción en Baden-Baden para brindar y partir la torta". Todos estaban muy sorprendidos, pero felices, especialmente Ryan, a quien su papá le acababa de contar que viviríamos todos juntos.

La esperada discusión con mis padres no se hizo esperar. Me recordaron una y otra vez la serie de errores que, según ellos, había cometido a lo largo de mi vida. Esta "loca decisión" era, a su juicio, la más descabellada de todas. Mi madre insistía en que la cosa era en serio, sugiriendo que empezáramos una relación sin necesidad de casarnos. Además, el hecho de que Irvin tuviera un niño de cinco años le preocupaba enormemente: ¿cómo iba yo a asumir la responsabilidad de un hijo que no era mío?. Yo, sin embargo, continué confirmando mi decisión definitiva. No les confesé la verdadera razón de mi completa convicción: que Dios había entrado en mi vida, había escuchado mi perdón y mi oración. Para ellos, era difícil de entender, pues nunca nos habían inculcado la fe y el tener a Dios en nuestras vidas.

Mis padres debían viajar a Cali por un par de días para hacer unas diligencias. Viajaron el día sábado 26 de diciembre. Recuerdo que mi madre llamó a casa el domingo en la mañana y yo contesté el teléfono. Nos saludamos y después de preguntarme cómo estaba, le dije que ya teníamos la fecha y la hora de la boda. Su respuesta fue contundente: "¿Usted de verdad sigue con ese cuento?". Le confirmé que sí, que todo estaba en pie, y que lo único que me faltaba era el vestido. Me dijo que regresarían el lunes y que hablaríamos más sobre esa "locura" mía.

Y así fue. El Lunes, tuvimos una larga conversación. Les hice saber que estaba totalmente decidida a dar ese paso, que sentía que Irvin era la persona que siempre había soñado. Ya no había nada más que discutir; ellos se dieron cuenta de que nada me haría cambiar de opinión.

Mi madre tenía una gran amiga y clienta en Pereira, su hija se había casado hacía menos de un mes, y mis padres habían sido los padrinos de esa boda. Ella dijo que la llamaría para preguntarle si querían vender el vestido. Todo comenzó a tomar una dirección perfecta, porque Leslie, la amiga de mi madre, no tuvo ningún problema en que yo usara el vestido de su hija. Dijo que tanto ella como su hija estarían muy felices de qué yo usara su vestido. Fuimos a Pereira y, cuando me lo medí, las lágrimas brotaron de la emoción al ver que me quedaba sencillamente perfecto.

Mi madre encargó el pastel y compraron las botellas de champaña. ¡El festejo se llenaba de alegría!

Entrelazando mis alas
30 de Diciembre de 1992
Día de la boda, iglesia de Fátima Pereira

MIÉRCOLES

Me encontraba en el salón de belleza con Farouche, el estilista de todas nuestras celebraciones, me peinaba y maquillaba. En ese momento, una chica, supuestamente conocía muy bien a Irvin, entró al salón. Al escuchar que estaban preparando a la futura esposa de Irvin y a su familia, se acercó a mí y me dijo sin rodeos: "Disculpe que me atreva a decirle que Irvin se está casando con usted solo por despecho. Yo lo conozco y sé que Ana Milena, su ex-novia con quien vivió unos años en Miami, lo abandonó y por eso se está casando con usted con tan poco tiempo de relación". Después de soltar esas palabras, salió del salón, mientras los presentes se empezaron a burlar de ella.

Los preparativos continuaron sin más interrupciones, dando paso a nuestra hermosa, sencilla e íntima boda. La iglesia lucía preciosa, hermosamente decorada. El Pecoso no apareció en la iglesia, pues seguía convencido de que era una broma. Así, a último momento, nuestro padrino fue Eric, mi cuñado, y la madrina Betty Giraldo, una de las grandes amigas de Irvin.

Después de la ceremonia nos dirigimos a Baden-Baden donde estaban todos nuestros familiares y amigos más cercanos. La celebración fue muy especial y emotiva. Entre risas y un sinnúmero de comentarios de nuestros allegados sobre la rapidez de nuestra boda, pasamos una inolvidable noche. Brindamos y disfrutamos de un delicioso pastel. Nuestra noche de bodas la pasamos en el Hotel Meliá de Pereira, regalo de Álvaro, un cuñado de Irvin.

Así comenzamos nuestra aventura de un amor naciente y un sincero deseo de construir un matrimonio, conociéndonos desde cero y con un niño con quien iniciaría mi experiencia como madre. Nuestra relación de pareja se fortalecía día a día. Sin embargo, también fue muy desafiante y diferente entender la forma en que Irvin quería educar a Ryan, quien a su corta edad tenía una adicción a los videojuegos. Eso se debía a que, en las pocas visitas a su madre biológica, este era el pasatiempo que ella usaba para mantenerlo ocupado, permitiéndole jugar todo el tiempo.

Ryan era asombrosamente hábil con los videojuegos. Cuando Irvin le imponía un límite de tiempo, el niño se enfurecía, negándose a comer, lloraba de rabia y llegando incluso a vomitar a propósito. Irvin respondía con castigos, prohibiéndole jugar, lo que provocaba en Ryan unos escándalos tormentosos. Yo intentaba intervenir, invitándolo a jugar con otra cosa y animándole a comer, pero el niño era muy astuto y sabía que el castigo no se levantaría hasta que Irvin diera la orden, y que sus pataletas solo lo alargaría. A mi parecer, ese método nunca obtenía buenos resultados, y era una situación que yo nunca había vivido ni sabía cómo manejar. Discutimos al respecto, e Irvin me dijo que esa era su forma de educarlo y que así debía ser, pidiéndome que no interviniera en esa parte.

Este proceso y el nuevo estilo de vida, con la difícil situación entre Irvin y Ryan, no eran fáciles para mí. Me causaba angustia en mi corazón, pero no sabía cómo optar a un método más constructivo para que las cosas funcionaran mejor y lograr armonía en nuestra casa. Conmigo, Irvin era muy especial y cariñoso. Ryan, desde el primer día de casados, comenzó a llamarme amorosamente mamá, y yo lo sentía como ese hermoso niño que Dios había puesto en mi corazón.

Rentamos un cómodo apartamento en el prestigioso barrio Monserrate del pueblo y allí comenzamos a vivir nuestro primer año de casados. Estaba feliz de tener mi propio hogar y hacía todo lo posible por aprender los quehaceres de la casa. Irvin viajó a USA para presentar el examen de ciudadanía, y mientras tanto, me quedé en casa con Ryan. Dormíamos juntos. Una mañana, recibimos una llamada de Caroline, la mamá biológica de Ryan. Cuando se lo pasé al teléfono, escuché que hablaban en inglés y, aunque no entendía mucho, logré oír cómo le gritaba a Ryan, reprendiéndolo por llamarme "mamá", porque, según ella, él sólo tenía una y era ella.

Ryan se puso a llorar y aquello me entristeció profundamente. Fue entonces cuando empecé a darme cuenta un poco de la personalidad de Caroline. Cuando Irvin nos llamó, le comenté lo absurdo de la situación, de hacer llorar al niño y de causar tanta tristeza.

En medio de estos acontecimientos, en mayo de 1993, Don Carlos Alberto, mi suegro, falleció a causa de un infarto.

Tiempo después, decidí enfocarme en una nueva pasión: el diseño. Ingresé a estudiar Diseño de Moda en una reconocida academia en Pereira, llamada Colombo Europeo. Estaba feliz, sumergiéndome en el mundo de la alta costura.

En agosto, a mis 22 años y mientras cursaba mis estudios, me quedé embarazada de nuevo. Irvin, junto con mi gran amiga Luz María, me llevaba todos los días a estudiar al Colombo Europeo. En noviembre, estando en clase, comencé a tener un fuerte sangrado. Llamé a Irvin, quién me llevó inmediatamente a una clínica donde me hicieron varios exámenes y me ordenaron reposo total para superar el primer trimestre del embarazo.

Después de esos días de reposo, regresé a las clases, pero los dolores bajos eran constantes. Hacia finales del mes, y a pesar de seguir todas las recomendaciones médicas, se presentó otro episodio de sangrado.

Estábamos a punto de finalizar el contrato de nuestro primer año viviendo en Monserrate. Dado que la familia crecería, comenzamos a buscar una casa en lugar de un apartamento. Una amiga nos habló de unas lindas, cómodas y mucho más amplias en La Hermosa, un barrio del pueblo. Empezamos la mudanza, y claro está, a mí no me dejaban levantar ni mover nada. Contábamos con la ayuda de varios miembros de nuestra familia, y también tenía a María, una preciosa mujer que me cuidaba y se encargaba de los quehaceres del hogar. Con el segundo episodio de sangrado, me ordenaron reposo absoluto. Tuve que retirarme del Colombo Europeo y aceptar la necesidad de permanecer en completa quietud.

Pasamos ese mes y el mes de diciembre con todos los cuidados y precauciones. Para enero, recuerdo haber sentido dolores constantes durante toda la noche. Al ser leves, como los anteriores, no quise despertar a Irvin, ya que madrugaba mucho para irse a trabajar. Esperé a que sonara el despertador y entonces le conté cómo había pasado la noche. Muy enojado por no haberlo despertado, me cargó y me llevó al hospital. El doctor que me atendió nos dijo que lo mejor sería considerar el aborto, pues ese embarazo era de muy alto riesgo. "¡Dios mío, qué locura!", pensé. Tenía cinco meses de embarazo. Irvin, casi le pega al doctor y le exigió que me remitiera de urgencia a una clínica en Pereira.

Fui trasladada en ambulancia a Pereira, la ciudad más cercana, y me hospitalizaron con medicamentos, ya que estaba teniendo pequeñas contracciones y unos 3 cm de dilatación. Me internaron en observación, donde me mantuvieron en monitoreo constante y con medicación para intentar detener las contracciones. Después de tres días, al no lograr detener la dilatación, los doctores decidieron que lo mejor era que diera a luz. Para evitar el trauma normal de un nacimiento vaginal, me realizaron una cesárea.

Así nació nuestro angelito, una bebé que pesó apenas 750 gramos. Como era tan prematura y aún no tenía sus pulmones bien formados, la hospitalizaron en Cuidados Intensivos. Yo había perdido mucha sangre y mi salud era delicada. Además, cuando me suministraron la anestesia epidural para la cesárea, me moví bruscamente y parte del líquido se derramó en mi espina dorsal, lo que me produjo migrañas inimaginables.

Al tercer día de nacida, Melanie —era el nombre que habíamos elegido para nuestra bebé—, necesitaba una transfusión de sangre. Por su fragilidad y tamaño, requería sangre muy fresca. Mi madre tenía el mismo tipo de sangre, pero estaba resfriada; yo también tenía el mismo tipo, pero estaba demasiado débil para una transfusión debido a la cantidad de sangre que había perdido, y el ginecólogo no quiso correr el riesgo.

Irvin y mis padres salieron a indagar en la familia quién podría tener el mismo tipo de sangre. Mientras ellos cumplían con esta misión, llegaron a mi habitación el pediatra y el ginecólogo. No podía ni enderezarme, porque la migraña me estaba enloqueciendo. El pediatra me presionaba, diciéndome que no podíamos perder más tiempo esperando por la sangre, que yo debía firmar los documentos autorizando ser la donante para mi bebé. El ginecólogo, por el contrario, me decía que no debía hacerlo, porque existía un riesgo muy grande de transmitirle una infección u otra enfermedad al bebé debido a mi debilidad. Irvin y mis padres tardaban demasiado en regresar, y yo sentía la presión ejercida por estos dos doctores; cada una de sus voces penetraba en lo más profundo de mis oídos. Sólo quería gritar de la desesperación, angustia y desesperanza. La transfusión debía hacerse con carácter urgente y no podía esperarse más tiempo.

En medio de mi enajenación y desesperación, clamé a Dios una vez más pidiendo su misericordia y guía para la decisión que debía tomar. Confié, firmé los documentos y me sacaron la sangre para la transfusión del bebé.

Cuando Irvin regresó, escuchó mis gritos, que eran a causa del dolor de cabeza y los espasmos provocados por la cesárea. Los dos doctores le dijeron a Irvin que me sacara del hospital lo antes posible, pues creían que podía enloquecer. Eso hicimos. Antes de salir, los doctores nos dijeron que la bebé había tomado un color de piel rosado, una muy buena señal de que la transfusión había sido aceptada.

Me llevaron a casa, donde me quedé en compañía de María y de Ryan, quien anhelaba tener a su hermanita pronto en casa. Irvin salió a comprar algunas cosas para mis cuidados, y, cuando regresó, recibió una llamada del pediatra. Era una noticia muy dolorosa: nuestra bebé había presentado anemia y ¡había fallecido!

¡Oh, Dios! Me sentía sin valor alguno, sin deseos de seguir viviendo. Un vacío tan profundo. Sentía que lo que estaba viviendo era el resultado de mis errores y pecados. Creía que merecía esto y mucho más por lo ocurrido con mis dos embarazos previos. Comencé a sumergirme en una angustiosa depresión por la pérdida de Melanie, que se intensificaba por los efectos del trauma y la depresión postparto.

Pasamos por el triste y sufrido entierro de la bebé. No me dejaron bajar del carro debido a mi estado de salud. Ryan también lloraba y se sentía muy triste por no haber podido conocer ni tocar a su hermanita.

Poco a poco, los fuertes dolores fueron disminuyendo; las migrañas cedieron con los días, y la incisión de la cesárea también sanó. Para entender lo que había pasado, comenzamos a tener citas con los mejores ginecólogos. El diagnóstico final fue que tenía una insuficiencia cervical, una condición que hace que mi útero no soporte el peso de un embarazo, provocando un parto prematuro. Necesitaba comenzar un tratamiento para fortalecer el útero, y, así, poder tener un futuro embarazo a término.

Elegimos a uno de los mejores ginecólogos, y me puso bajo un control inicial con pastillas anticonceptivas. Para nuestra gran sorpresa, en mayo, ¡estaba embarazada de nuevo!. Dios mío, Irvin y yo entramos en shock. Aún no lográbamos superar la triste pérdida de nuestra niña, y ahora estaba embarazada otra vez. Fuimos a ver al ginecólogo-obstetra para analizar todo y que me hiciera exámenes para saber cómo estaba mi sistema reproductor.

Nos dijo que era un embarazo de alto riesgo. En mi caso, con mi historial, sugería un procedimiento de cerclaje. Este procedimiento cierra el cuello del útero con puntos y la paciente debe guardar mucho reposo. Cuando faltan unas dos semanas para la posible fecha de parto, se remueven los puntos y puede comenzar el proceso de alumbramiento. Estábamos muy nerviosos, con mucha tensión y miedo de la decisión que debíamos tomar. El ginecólogo dijo que lo más recomendable era realizar el cerclaje al tercer mes de embarazo, porque estaría superando el primer trimestre de riesgo. En mi caso, el procedimiento recomendado sería con anestesia general. Juntos, tomamos la decisión de hacerlo a los tres meses de embarazo y luego viajar a USA, porque allá cuentan con más avances y tecnología para el cuidado de bebés prematuros.

Hablamos con mi madre para ver si, a través de sus contactos, podríamos llegar a un acuerdo de estadía temporal hasta que encontráramos un apartamento. Ella conversó con la doctora Lilia, su odontóloga, y le preguntó si podía ayudarnos. La doctora Lilia, con gran amabilidad, dijo que no tendría ningún problema en alojarnos en su casa hasta que encontráramos dónde vivir.

El cerclaje me lo realizaron en el tercer mes de embarazo, justo como habíamos planeado.

Mientras tanto, Irvin le había vendido la camioneta que tenía cuando vivía en New Jersey a un amigo. Este amigo se había comprometido a pagársela mensualmente, y, además, a enviar por correo unos sobres estampillados con los cheques para los pagos de las tarjetas de crédito que Irvin manejaba. Lo único que tenía que hacer era colocar los sobres en el buzón de correo de su casa, pero este amigo nunca los envió, ni tampoco le informó a Irvin que no lo había hecho. ¡Qué gran perjuicio el que nos causó esta persona! En USA es crucial tener un buen historial crediticio. Irvin siempre lo había tenido, y en base a ese crédito teníamos todos nuestros planes para buscar y alquilar un apartamento. No tener crédito es limitarse a cualquier actividad y es muy complicado rentar un apartamento sin un buen historial.

Mis padres no querían que yo viajara, pues me veían muy delicada con el embarazo y con la cirugía recién hecha. Me rogaban que me quedara con Ryan en su casa mientras Irvin encontraba el lugar apropiado para todos. Pero yo no lo quería así; prefería que estuviéramos todos juntos.

Migración con alas propias, buscando nuevos cielos
Agosto de 1994

Viajamos en esta fecha a NY, a casa de Lilia, quien nos recibió con mucho cariño. Durante las noches, dormíamos en la sala donde ella atendía a sus pacientes, así que debíamos levantarnos temprano para recoger todo antes de que empezaran a llegar. Todo iba muy bien hasta que Irvin se reunió con su amigo para pedirle que le ayudara con algún trabajo. Su amigo estaba pasando por un difícil proceso de divorcio y, en medio de todo su estrés, olvidó enviar los sobres por el correo. ¡No teníamos ninguna forma de crédito para la búsqueda de un apartamento!

El favor de Lilia, que sería máximo dos semanas, se convirtió en casi dos meses. Fueron dos meses difíciles, en los que me sentía incómoda al no poder hacer nada debido a mi estado. Además, estábamos allí, comiendo y utilizando servicios y ¡éramos tres! Irvin salía desde la mañana y regresaba en la noche muy cansado, sin poder encontrar la manera de solucionar lo de un apartamento.

El amigo de Irvin estaba muy apenado, pero al mismo tiempo ya no podía resolver el problema que nos había causado. Lo único que sí pudo hacer fue darle trabajo a Irvin. Era dueño de un restaurante colombiano y también tenía una empresa de limpieza de vidrios de edificios en Manhattan. Con la necesidad que teníamos y la presión que yo le ponía a Irvin de encontrar un apartamento, él empezó a trabajar limpiando vidrios, colgado de unos andamios altísimos. Uno de esos edificios estaba justo en medio de las Torres Gemelas de Manhattan.

Era otoño, una época con vientos muy fuertes, y a mi pobre Irvin le tocaba estar montado en esos altísimos andamios, moviéndose por el viento en pleno septiembre y octubre, haciendo este duro trabajo. Uno de esos días, Irvin llegó y yo, llorando, le dije que no sabía cómo haríamos, pero que me sentía demasiado apenada con Lilia y toda su familia. Le expliqué que me importaría dormir en el suelo, estar sin cama y sin cosas necesarias, solo le rogaba que encontrara un lugar para vivir de manera urgente. Finalmente, conseguimos un apartamento que se ajustaba al presupuesto de lo que él ganaba y no nos pidieron muchos requisitos.

Siempre estaremos inmensamente agradecidos con Lilia y su familia por toda la hospitalidad y paciencia que tuvieron con nosotros.

Felices, tomamos el apartamento, aunque no teníamos ni un colchón en donde dormir. Pero contábamos con el amor, muchas toallas y sábanas. Empezamos una nueva aventura, viviendo en un nuestro espacio, un nuevo apartamento con un estilo de vida muy diferente. No me cabe absolutamente ninguna duda de que los seres humanos nos adaptamos a cualquier circunstancia, y cuanto más humilde sea, más la valoramos. Esta época será por siempre un hermoso punto de partida en nuestra vida en común. Este tiempo en ese apartamento fue nuestra fundación en amor y en unión.

Después de la triste pérdida de nuestra bebé Melanie, tratábamos de seguir todas las recomendaciones al pie de la letra. Lo primero fue encontrar un buen hospital donde pudieran hacerme el seguimiento completo del embarazo, teniendo en cuenta todo mi historial médico. Me sentía muy bien atendida, con todos los cuidados y beneficios que ofrecía este país.

Nos aprobaron un seguro de salud para familias de bajos recursos, "New Jersey Family Care", de excelente cobertura y gran beneficio, ya que no teníamos ningún tipo de solvencia económica; el único ingreso era el salario de Irvin. Este seguro no solo nos proporcionó una buenísima atención médica para todos, sino también con cupones de alimentos. En el hospital, me atendían con excesiva amabilidad y siempre recibí asistencia en español en todas mis citas. Ese era el único momento en que salía del apartamento: solo a mis controles y para el suministro de unas inyecciones especiales destinadas a acelerar el desarrollo de los pulmones de mi bebé, en caso de que naciera prematuramente.

Todos los días, al lado de mí lugar de dormir, Irvin me dejaba fruta picada, cereal con el vasito de leche para que yo me lo sirviera, agua y huevos cocidos. Despedía a Ryan para la escuela y se iba a su trabajo. Al mediodía, llegaba una señora muy linda de Englewood con una deliciosa y muy buena porción de almuerzo; era de verdad delicioso. Me daba pesar que Irvin llegará cansado del trabajo a cocinar para él y Ryan, así que procuraba compartirles parte de ese rico almuerzo.

Irvin me ponía tareas de inglés: me pedía que escribiera un diario de todo lo que pensaba, sentía y aprendía sobre el embarazo, usando muchas revistas que me regalaban en el hospital. Cuando llegaba, revisaba las tareas. Con Ryan compartía después de su llegada de la escuela y, mientras él hacía sus tareas, me ayudaba con mi inglés.

Un día, hablando por teléfono con mi madre, le conté cómo nos iba. Ella me sugirió que llamara a Socorro para recordarle que me enviara un abono. Después de llamar a Socorro — la hermana de Alexis, quien me había presentado a Sebastián—, ella vino a visitarme. Al ver que vivíamos con lo mínimo y que aún no teníamos cosas para la bebé, llamó a un grupo de amistades- Volvieron a visitarnos con muchísimas cosas, una cantidad de regalos para la bebé y para Ryan. Nos regalaron la cuna, bañera, televisor, sala y muchas cosas más. Yo lloraba de emoción y de no poder creer tanta generosidad. Dios es misericordioso y siempre cuida de nosotros en todo momento y situación.

Tiempo después, Irvin tuvo la oportunidad de comprar fiado un camión por medio de un amigo. Un señor muy querido llamado Ángel, le enseñó a manejar. Irvin sacó la licencia para manejar camiones y comenzó a trabajar en una compañía transportando leche. Poco a poco, nuestra situación económica empezó a mejorar.

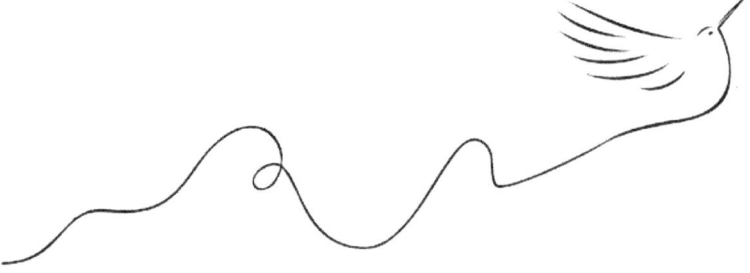

Abriendo el cielo para los nuestros
Febrero de 1995

¡Nació nuestro bebé! Era una pequeña y hermosa niña que pesó 4.11 libras. Qué coincidencia que hubiese pesado exactamente lo mismo que Ryan, y sin ser prematura como se había anticipado Gracias a Dios, fue un parto natural. Me quitaron los puntos del cerclaje y, dos semanas después nació Melanie. La nombramos así porque sentimos que era un regalo de Dios, la bendición de tener a la niña que habíamos perdido antes. ¡Qué felicidad tan inmensa tener a nuestro bebé completamente sanita!. Sin embargo, pasó un mes en el hospital hasta que su peso se nivelara.

Una enfermera que trabajaba en el hospital, era la hermana del primer novio de mi hermana, fue muy querida y amable conmigo. Me regaló el alquiler de la máquina para succionar la leche y poder envasarla en unos teteros pequeños para bebés prematuros. Y así lo hacía, me extraía la leche en casa y luego iba al hospital, donde permanecía todo el día dándole los teteros y cuidando a mi niña. Casi no tenía fuerza para succionar, así que nos tocó ponerle unos chupones mucho más blandos. Poco a poco, empezó a ganar un buen peso hasta que le dieron de alta y pudimos traerla a casa.

¡Qué felicidad llevarla a nuestro hogar y poder disfrutar de ese hermoso tiempo en familia, gozando cada instante de estar juntos!. Ryan quería mucho a su hermanita, disfrutaba de las cosas más simples de la vida como ir todos a la lavandería o caminar en los parques locales llevando la bebé en su coche. Un día, entré a la biblioteca del pueblo y me enteré que había programas gratuitos para aprender inglés con personas jubiladas que donaban su tiempo de servicio a la comunidad.

Decidida, me registré y me asignaron una señora filipina que me daba lecciones una hora a la semana. Yo estaba feliz porque me ponía muchas tareas y, como no hablaba español, me tenía que esforzar mucho más para poder comunicarme. Poco a poco, fui avanzando con su método y cada vez me sentía más segura al sostener conversaciones con ella. Podía tomar estas clases cuando Irvin llegaba a casa y se encargaba de cuidar y atender a los niños. Fue un hermoso año que disfruté mucho y donde aprendí conversaciones básicas.

Cuando mi curso de inglés con la voluntaria terminó, ella me sugirió ir a otra escuela local que ofrecía cursos de conversación y pronunciación a precios accesibles y con más horas de aprendizaje. Así lo hice, y cada vez me gustaba más aprender el idioma; al fin y al cabo, era una de las carreras que soñaba estudiar de niña. El curso duró seis meses. Para entonces, mis padres vinieron de Colombia a visitarnos y a conocer a Melanie. Compartimos un mes muy bonito con ellos y también logré conseguir un trabajo con Checho. Mi madre habló con él y le pidió que me ayudara; él tenía un negocio de venta de celulares dentro de una gran joyería.

Checho me permitía llevar un corral pequeño donde Melanie podía estar todos los días con sus cosas, y así yo podía trabajar con ella. Antes de qué mis padres regresaran a Colombia, mi papá me prestó un dinero para que comprara un carro y pudiera transportarme al trabajo más cómoda con todas las cosas de la niña. Estaba feliz, compré mi primer carro, un Chevrolet Cavalier que me costó US$800 y logré pagarle a mi padre muy rápido. Qué alegría más grande tener mi propio carro, pero en especial no tener que depender de alguien que me cuidara la niña, sino tenerla conmigo todo el tiempo.

Mis padres regresaron a Colombia. Irvin continuaba trabajando muy duro; como empleado independiente, ganaba buen dinero, pero igual había que invertir bastante el mantenimiento del camión, que exigía muchos gastos ya que era un modelo viejito.

Trabajé en la venta de celulares entre 1996 y 1997. Terminé el curso de inglés con tan buena calificación que los profesores me animaron para que entrara al College a estudiar inglés más intensivo, con todas las reglas del lenguaje: gramática, lectura, escritura, pronunciación y conversación. Me inscribí y hablé con un decano que me atendió muy bien y me orientó sobre cómo aplicar para una ayuda financiera para los estudios. Felizmente, me matriculé en el BCC, Bergen Community College of NJ y comencé mis estudios en las noches cuando Irvin estaba en casa para cuidar de los niños. Era una estudiante dedicada, hacía todos mis tareas y me esforzaba muchísimo para sacar las mejores notas. Desde el primer semestre, empecé a ganarme becas por mis notas que pagaban todas las clases, e inclusive me enviaban dinero para comprar los libros y pagar los viáticos. Cuando estaba en mi segundo nivel, gané el primer puesto en una competencia de pronunciación hablando de Colombia. Me dieron unos muy buenos incentivos para animarme a terminar los tres niveles y seguir haciendo una carrera.

Cuando terminé los tres niveles de inglés, estaba muy feliz porque ya podía sostener una conversación fluida. Ahora estaba en la incógnita de qué carrera estudiar. Hablé con un consejero del College para que me orientara qué carrera debería elegir. Después de muchas preguntas y análisis de mi personalidad y mis pasiones, llegué a la conclusión que yo amaba la joyería, algo que desde niña había corrido por mis venas. Había crecido en un taller de joyería donde disfrutaba cada sonido, donde los buriles de grabar que usaba mi padre me cautivaron por ver la facilidad con la que el creaba una preciosa obra de arte con ellos.

Me dio muchísima alegría cuando el consejero me dijo que podía estudiar gran parte de las clases requeridas en el mismo College, recibiendo la ayuda por mis buenas notas, y luego hacer la transferencia a la Universidad FIT (Fashion Institute of Technology) en NY, donde ofrecían la carrera de Joyería.

Salí ese día con la felicidad más grande en mi corazón. Llamé a mis padres para darles esa excelente noticia; se pusieron muy felices, especialmente mi papá, porque creía que la tradición de la familia con la joyería había terminado con él. Ahora yo sería la quinta generación y la primera en asistir a una universidad para aprender Joyería y Diseño de Joyas con técnicas y métodos nuevos.

De raíces y rutas
Septiembre de 1999

Para ese tiempo, ya habíamos logrado comprar nuestra casa. Estábamos felices en nuestro propio hogar.

Cuando me faltaba un semestre para terminar el College y hacer transferencia a la universidad en NY, quedé embarazada ¡ Y esto, a pesar de que estaba tomando pastillas anticonceptivas y usábamos condón!

¡Dios mío, no lo podía creer! No estábamos preparados para tener otro bebé en ese momento. Las cosas en nuestra familia estaban complicadas.

Teníamos en casa a Sabína, una sobrina de Irvin viviendo con nosotros en ese tiempo. También estaba Ryan, que atravesaba una difícil edad; tenía ya doce años y empezaba su pubertad. Continuaba con su adicción a los videojuegos y hacía lo posible a toda costa para tener juegos escondidos y jugar tarde en la noche. Nos empezamos a dar cuenta que la situación se estaba descontrolando porque lo encontramos en varias ocasiones jugando hasta tarde. Irvin le decomisaba el juego y Ryan siempre decía que se lo había prestado un amigo, entonces Irvin le pedía decirle a ese amigo que viniera a casa para devolverle el juego. Eso nunca pasó. Empezamos a tener una colección de juegos decomisados que nunca fueron reclamados.

Ante esta situación, cada día se alargaban más los castigos de Ryan, inmanejables porque poco le importaban. Por el contrario, disfrutaba de la guerra que tenía casada con Irvin: peleas por mentir, duros castigos por no obedecer, y no había nada ni nadie que hiciera cambiar la dinámica del trato entre los dos.

El ambiente en casa era cada vez más insoportable. La situación escaló a un nivel preocupante cuando Ryan tomó un dinero de Sabina, la sobrina de Irvin que vivía con nosotros, para comprar un videojuego. Cuando Sabina nos contó sobre su pérdida, Irvin confrontó a Ryan e hizo que confesara. La pelea fue horrible, al extremo que Sabina, quien llevaba un año viviendo con nosotros, decidió regresar a Colombia. Todo el que venía a casa se sentía muy incómodo al percibir el ambiente entre Irvin y Ryan.

Poco tiempo después, Ryan le sacó una de las tarjetas de crédito a Irvin y fue a la tienda de videojuegos del pueblo. El dueño, aprovechándose de que Ryan era solo un niño, le aceptó la tarjeta y le vendió dos estaciones de juego (PSP) con varios videojuegos, sumando casi $800. Los comportamientos de Ryan eran cada vez más graves.

Mientras tanto, tuve que parar mis estudios en el College debido al inicio del control de mi embarazo. Dada mi historial, los médicos querían continuar con el mismo procedimiento que habíamos tenido con Melanie. Me hicieron un cerclaje a los tres meses de embarazo y me realizaban controles periódicos para observar cómo avanzaba el embarazo.

Junio del 2000

Cada vez que iba a los controles, me encontraban muy bien y el bebé se estaba desarrollando perfecto. Y así logramos tener a nuestro niño. ¡Qué emoción lograr tener nuestra parejita!. Nació nuestro hijo Jacobo, bello y sano, pesó 6,8 libras. Ese mismo día me hice operar para no tener más hijos.

Empezó un tiempo para dedicarle al bebe y disfrutar de nuestra maternidad en familia. Fue muy hermoso todo este tiempo, ver cómo lo disfrutaron Ryan y Melanie al tener a su pequeño hermanito en casa.

2000, tiempo de milagro y cambios

Este año, mis padres vivieron una terrible experiencia en Colombia: un gran robo en el que intentaron secuestrar a mi madre. Todo terminó en un atraco, pero gracias a Dios no la secuestraron.

Dos hombres, una mujer y una niña pequeña entraron a la joyería. Mi madre los estaba atendiendo porque se hicieron pasar por recomendados de unos buenos clientes suyos, y por eso los dejó entrar. Empezaron a medirse unos anillos y, tomando unos más grandes, decían que eran los que querían pero que no podían esperar varios días para que los ajustaran a la medida. Mi madre les dijo que no había problema y los invitó al taller, donde mi padre estaba trabajando y lo visitaba un amigo con quien practicaba ciclismo.

Mi papá odiaba cuando mi madre llevaba personas al taller; siempre decía que un día iban a venir a atracar y que no había que ser tan confiada. Bueno, ese día llegó.

Mientras tanto, los dos hombres analizaron la situación en el taller. Cuando mi padre dio la espalda para ajustar los anillos, se hicieron señas, sacaron sus armas y amarraron a mi padre y a su amigo. Uno de los hombres se quedó vigilando, mientras el otro bajó a la primera planta de la casa, donde estaba la oficina de mi madre. Con la pistola en la mano, llegó directo a sujetar a mi madre para llevársela. Mi abuela empezó a gritar y llorar, a punto de tener un infarto, ya que ella sufría de presión alta. La niña también comenzó a llorar. Asustados por los gritos de mi abuela, decidieron amarrarla mientras discutían entre ellos.

Finalmente, optaron por robar todo y dejarlos amarrados. Los obligaron a dar las claves de las cajas de seguridad y robaron toda la mercancía, el oro para trabajar y todo el dinero que tenían guardado. Se demoraron bastante tiempo buscando por todos lados, sacaron el botín y se fueron dejándolos atados.

Mi padre fue el primero en lograr desatarse, luego desató a su amigo y juntos bajaron a liberar a mi madre y a la abuela.

Fue una dura experiencia y una tragedia que, gracias a Dios, solo terminó en la pérdida material sin secuestro ni la muerte de alguno de ellos. Ese día, mis padres me llamaron y me contaron lo afligidos que estaban. Mi padre me expresó que él ya no quería vivir un día más en Colombia.

Irvin me dijo que les ofreciéramos venir a vivir con nosotros. Y así, mis padres viajaron a vivir con nosotros y llegaron cuando Jacobo era muy pequeño. Fueron una ayuda entrañable, una bendición tenerlos a nuestro lado, y yo feliz de tener su amor y cariño cerca. Para mis hijitos, fue una felicidad crecer junto a sus abuelos tan contempladores y queridos.

Poco a poco, mi padre empezó a instalar y crear su taller en el garaje de la casa, y mi madre comenzó a conseguir clientes. Cada día conocía a muchas más personas, y mi padre hacía muchos arreglos y elaboraba piezas nuevas.

Ansiaba pasar los primeros meses de cuidados de maternidad con Jacobo, y luego retomar mi carrera en la universidad. Vino Yolandita, mi suegra, a vivir con nosotros y a ayudarnos con las labores de la casa para que yo pudiera estudiar tiempo completo y graduarme rápido. Vivíamos todos muy unidos, ayudándonos mucho los unos a los otros. Había más armonía, aunque aún persistían comportamientos poco aceptables de Ryan que nos ponían de muy mal humor y las relaciones con él se hacían ásperas.

El despertar del colibrí interior
Junio del 2002

Cuando Jacobo tenía dos años, terminé las clases en el College e hice la transferencia a FIT (Fashion Institute of Technology) para sumergirme de lleno en la carrera de Joyería.

Estaba encantada aprendiendo y realizando muchísimos proyectos con nuevas técnicas. Cuando llegaba a casa, podía trabajar con mi papá y compartir con él todo lo aprendido. Intercambiábamos procedimientos, y era súper bonito ver cómo mi padre, de una manera más tradicional y original, hacía todo tan hermoso, con tanta precisión y rapidez. Yo le compartía y mostraba cómo me lo enseñaban, y él siempre terminaba complementando mucho más con su experiencia e inteligencia.

Estando en FIT, conocí grandes personas en el área de diseño, porque esta universidad tiene muy buen prestigio y de ella han egresado grandes celebridades en la industria de moda, arte y diseño.

Una de las personas que impactó mi vida durante los dos años que estudié en la FIT fue Steve Sierra, el técnico de los talleres de joyería, encargado de todo el mantenimiento de los equipos y máquinas. Un hombre de Texas con un espíritu de luz, bajo de estatura y un poco robusto, lleno de tatuajes por todo su cuerpo. Chistoso, siempre de muy buen humor y de una alegría incomparable.

Steve tenía su propia oficina al lado de uno de los talleres de joyería, donde algunos estudiantes pasábamos buen tiempo de nuestros descansos, compartiendo sus locas historias. Era muy buen técnico y, en particular, a mí me encantaba aprender mucho sobre el mantenimiento de equipos. Steve llevaba muchos años trabajando para la universidad y siempre que pedía tiempo de vacaciones se las negaban porque no había nadie con sus conocimientos y que tuviese las licencias del Departamento de Bomberos del Estado de New York para cubrir su posición por corto tiempo. Steve tenía un excelente talento poético: escribía poemas muy hermosos y los enviaba a competencias.

Estando en mi último semestre de estudios, estaba pasando por una dura época en mi relación con Irvin. Todo estaba en mi cabeza. Empecé a pensar que ya pronto culminaría mi carrera y que vendrían muchos nuevos cambios en mi vida. Cada vez sentía más que no tenía cosas en común con Irvin, y que aún podía disfrutar más de la vida desde mi egoísta punto de vista en esos momentos.

Contaba con el apoyo y la ayuda enorme que nos daba mi querida suegra con todos los quehaceres de la casa, y con mis padres, quienes nos aportaron muchísima ayuda porque compartimos gastos con ellos. En fin, en casa estaba todo marchando muy bien en cuanto apoyo con los niños. Irvin trabajaba manejando toda la noche y durante el día llegaba a casa para descansar y también estar pendiente de todo lo de los niños, ya que yo estaba todo el día en la universidad en NY.

Comencé a dejar de valorar todas esas bendiciones. Pasaba la mayor parte de mi tiempo fuera de casa; me sentía libre, sin mucha responsabilidad del hogar y sin compartir lo que era también tener a un buen hombre a mi lado.

Irvin y yo nos veíamos entre semana menos de 10 minutos al día, porque antes de irse al trabajo pasaba a recogerme de regreso de la universidad en la parada del bus. Por las mañanas, cuando yo estaba lista para irme a clases, me llevaba de nuevo a tomar el autobús y regresaba a casa para recoger a los niños y llevarlos a las escuelas. Luego, volvía a casa para comer algo, bañarse, y acostarse a dormir. Durante el fin de semana, él estaba supremamente agotado y quería descansar y recuperarse, mientras yo quería salir y disfrutar.

Empecé a querer conocer sitios en NY y, como Irvin estaba tan cansado, y no le gustaba el ambiente bullicioso de NY, y el pesado tráfico, yo aprovechaba para salir e ir a diferentes eventos. Tenía muchas amistades de la universidad con quienes visitar museos, ir a subastas de joyas y participar en actividades relacionadas con la magia de NY. Sentía que estábamos muy desconectados el uno del otro, y yo estaba viviendo el sueño de mi carrera y todo lo que anhelaba culminar. Egoístamente, estaba desvinculada de mis roles de madre y esposa.

No conocía a ninguno de los profesores de mis hijos porque era Irvin quien asistía a las reuniones y atendía cualquier llamado de las escuelas. Incluso muchas veces le tocaba parar sus horas de descanso para asistir y resolver problemas y quejas sobre Ryan, que ya estaba en high school. El odiaba estudiar y muchas veces faltaba o se salía de la escuela para quedarse en casa de alguno de sus amigos jugando videojuegos. Continuaba con su fuerte ludopatía.

Los fines de semana en casa, escuchaba todas las quejas de los profesores sobre la falta de tareas de Ryan y sus malas notas. El comportamiento de Ryan de no querer estudiar o de estar en contra de las reglas de la casa iba cobrando cada vez más fuerza, porque él estaba en grado 11 de high school y tenía 16 años. Un adolescente que lo único que quería era jugar.

Su rebeldía llegó al punto de faltar a clases y no regresar a casa después de salir de la high school. Nos tocaba buscar y llamar a la policía para encontrarlo. Sus amigos lo escondían y negaban saber de él.

¡Dios mío! Las cosas se agravaron. En la siguiente ocasión, Ryan se perdió por un par de días y tampoco fue a la escuela. Entramos en pánico, muy preocupados buscándolo en casa de todos los amigos.

Irvin se levantó a las 3:00am para ir al trabajo. Cuando iba bajando las escaleras del segundo piso, sintió un ruido en el cuarto de Ryan. Entró y vio que Ryan había entrado por la ventana y se había acostado, creyendo que nada pasaría. Irvin lo sacó de la cama a la fuerza y el estruendo fue tan horrible que nos despertó a todos. Sobresaltada, me levanté y bajé las escaleras como una loca, corriendo con el corazón que se me salía del pecho. Cuando llegué al cuarto de Ryan, me encontré este enfrentamiento entre Irvin y Ryan. Sentí como si la fuerza de un animal se apoderaba de mí; me lancé hacía Irvin a gritos y lo enfrenté, diciéndole que si le ponía una mano encima a Ryan, me tenía que pegar a mi primero. En la puerta, mi suegra ya estaba viendo toda esta escena y mis padres venían de su cuarto subiendo las escaleras del sótano.

Irvin reaccionó y se detuvo. Ryan estaba con mucha rabia y empezó a llorar, al igual que todos nosotros.

Irvin se fue al trabajo, y nosotros regresamos a las camas con el recuerdo de ese triste y doloroso incidente. Al transcurrir la mañana, nos levantamos tratando de iniciar las labores del día de manera normal.

Ryan estaba en su clase de gimnasia cuando un profesor le preguntó porque había estado ausente dos días e indagó qué le había pasado en las piernas. Ryan le contó que su padre le había pegado.

Yo estaba en la universidad cuando, a eso de las 10:30 a.m. recibí una llamada del Departamento de Policía para informarme que si no llegaba en dos horas, me iban a quitar mis hijos y los llevarían a un hogar de acogida.

Pregunté qué estaba pasando y me contestaron que no podían informarme nada por teléfono. Llamé de inmediato a mi papá y estaba sumamente asustado porque la policía había llegado a casa con una trabajadora social. Hicieron que mi padre los siguiera al Centro de Policía mientras ellos se llevaban a Ryan, Melanie, mi niña de 8 años y a Jacobo de 3 años.

Mi papá estaba confundido y muy asustado, sin saber qué hacer porque no hablaba nada de inglés y ni Irvin ni yo estábamos a su lado. Luego me llamó mientras yo salía de urgencia a tomar el bus de NY a NJ. Cuando llegué, me hicieron muchísimas preguntas. También habían tenido en interrogación a cada uno de los niños y los examinaron para asegurarse que no tuvieran ninguna marca de golpes en sus cuerpos.

A Irvin lo entrevistaron por largo rato, haciendo un interrogatorio y un reporte muy detallado sobre todo lo sucedido, al igual que a Ryan. Me hicieron firmar unos documentos donde me comprometía a no permitir bajo ninguna circunstancia ningún tipo de abuso físico o psicológico con cualquiera de los niños, o el Estado me los quitaría. Irvin y Ryan tuvieron que empezar terapias y clases para tener una mejor relación.

Con el consentimiento de Ryan, Irvin decidió que terminara su último año de high school interno en la academia militar Fort Dix, NJ, donde se graduó. Fue una situación difícil de vivir para toda la familia.

A raíz de esta situación, y desvinculando mi responsabilidad como madre, creció más en mí el deseo de no continuar con Irvin. No entendía que, en realidad, hacía lo que creía era lo mejor para su hijo y de acuerdo a la manera como él había sido educado por su padre.

Steve era mi confidente, a quien le narraba cada experiencia y situaciones vividas. Él siempre me aconsejaba que me enfocara en terminar mi carrera, pues veía un gran potencial en mí. Me animó a estudiar todos los manuales del Departamento de Bomberos de NY para obtener las dos licencias necesarias. Así él podía pedir sus vacaciones a la universidad y, cuando le negaran el permiso por falta de cobertura durante dos meses, él podría interceder por mí. Les diría que yo ya tenía esas licencias y, para entonces, me habría graduado de Diseñadora de Joyas. Se esmeró en entrenarme en su trabajo, y lo hizo de manera excepcional. Fue así como me dediqué a estudiar los manuales, con él a mi lado, acompañándome a presentar los exámenes. Felizmente, logré obtener esas dos licencias como técnico de mantenimiento de maquinaria pesada.

El Regreso: Raíces y Legado

¡Fue un día inolvidable! Me gradué como Diseñadora de Joyas y, acto seguido, me quité la toga, me puse mis botas de trabajo y empecé a cubrir a Steve como Técnico de los dos talleres de joyería de la Universidad. Fue una bendición enorme recibir un salario alto en este nuevo rol, un logro que alcancé al aprobar todos los exámenes del Departamento de Bomberos. Lo más notable fue ser la única mujer presente, rodeada únicamente de hombres, lo que hizo que la victoria se sintiera aún más dulce.

Me sentí increíblemente orgullosa de mí misma, y mi familia compartió con efusividad mi alegría. Para celebrar mi graduación y nuestra amistad, Steve me dedicó un hermoso poema. Lo envió a una competencia Internacional de poetas, donde fue elegido como el ganador número uno y fue publicado en la primera página de un precioso libro de poemas. Ese libro tan especial me lo regaló, y aún lo conservo con muchísimo cariño y aprecio.

Un par de años después de que Steven se mudara a Texas, la vida me arrebató a mi gran amigo. Él estaba trabajando en un zoológico cuando contrajo una gangrena por una infección en una herida en la mano, ocasionada por una máquina. Su pérdida fue un golpe duro.

Antes de que terminaran mis dos meses como técnico en la Universidad, un profesor que me apreciaba mucho me ofreció una oportunidad invaluable: conectarme con el Departamento de Joyería de David Yurman, una prestigiosa firma de joyería, por si me interesaba un trabajo para ganar más experiencia. Los contacté y, tras varias entrevistas, me vincularon para un proyecto de estampación, con la opción de un contrato si mi trabajo les convencía. Me sentí feliz de estar en una compañía de ese calibre, aunque el salario no era muy alto. Mi sueño era ser independiente, pero también era consciente de adquirir la máxima experiencia y conocimientos en grandes empresas de la industria de la joyería.

Mientras trabajaba en David Yurman, noté algo interesante: los marcadores para estampar las joyas que mi padre utilizaba eran de mejor calidad que los de la empresa. Hablé con el encargado del departamento de control de calidad, quién me dio la oportunidad de que mi padre elaborara nuevos marcadores para ellos. Quedaron muy sorprendidos de la precisión y agilidad con que los hizo.

Una vez finalizado el proyecto, David Yurman me ofreció un puesto permanente. Les respondí que lo pensaría, pues mi objetivo era encontrar un trabajo con mejor salario.

Decidida a buscar mejores opciones, me presenté en una feria de trabajo en el Centro de Convenciones. Allí, se ofrecían diversas oportunidades en toda la industria y el gremio de la joyería. Asistí con mi hoja de vida, cartas de recomendación de mis profesores y mi portafolio, el cuál incluía fotografías de todas las piezas que había elaborado durante mi carrera en la Universidad.

Durante mis estudios universitarios, tomé dos clases de gemología general. Aunque estas me brindaron un conocimiento básico sobre el análisis, aprendizaje y descripción de las gemas. La gemología es muy extensa y la materia me había fascinado pero solamente me dio un conocimiento general.

En la feria de trabajo, descubrí que estaban reclutando las dos entidades de gemología más grandes, además de muchas otras empresas del sector de la joyería e institutos de diseño. Me acerqué a la primera compañía de gemología, IGI (International Gemological Institute), con la intención de hacer algo de networking. Pensaba que no tendría la experiencia necesaria para conseguir un trabajo con ellos, ya que no tenía un título específico en Gemología.

Pero el destino, o como yo lo veo, Dios, tenía un plan para mí con esa empresa. Tuve una conversación muy interesante con los encargados de reclutar. Me entrevistaron al instante y, para mi sorpresa, me ofrecieron comenzar con un entrenamiento para enseñarme los procedimientos preliminares en la valoración y evaluación de los diamantes.

Aunque el salario no era muy alto, la propuesta del International Gemological Institute, me ofrecía una experiencia invaluable con una compañía tan estable y reconocida en la industria, además con beneficios y la opción de crecimiento profesional. Acepté la propuesta para empezar el siguiente lunes, ¡y salí feliz! No lo podía creer, $26.000 al año y la oportunidad de aprender todo sobre diamantes.

Motivada por esta nueva etapa, quise pasar por el puesto de la compañía GIA (Gemological Institute of America), el instituto más prestigioso a nivel mundial en gemología. Con sedes en 13 países, 11 campos de estudio, 9 laboratorios y cuatro centros de investigación, la GIA es la institución de la que egresan los mejores gemólogos del mundo. Me acerqué a su puesto con cierta intimidación, consciente de la magnitud de la empresa. Para mi sorpresa, me atendió un hombre con apariencia hispana, una persona increíblemente amable. Resultó ser peruano: Víctor Hugo García, era el manager del área de educación de GIA NY.

Hablamos un buen rato y le conté que recién me había graduado de FIT y que acababa de aceptar un puesto en IGI, donde me entrenarían en su laboratorio sobre diamantes.

Víctor Hugo García, muy atento y formal, me felicitó por mi nuevo puesto. Me aconsejó que adquiriera la mayor experiencia posible en IGI y que, después de un tiempo, les preguntara si podían patrocinarme para estudiar en GIA y certificarme a través de ellos. ¡Aquello me sonó increíble!. Me dio su tarjeta de negocios y me dijo que lo llamara si surgía la oportunidad, asegurándome su ayuda por ser el manager de la sede de NY.

Regresé a casa inmensamente feliz, con una gran ilusión por comenzar el siguiente lunes.

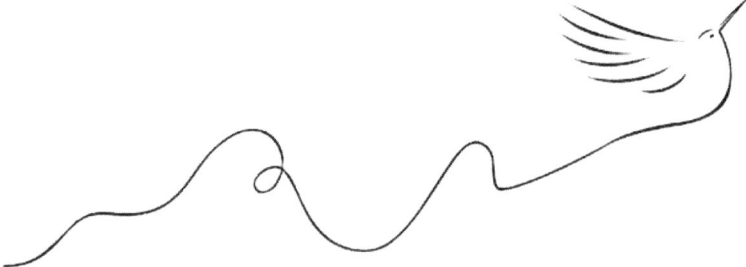

El arte de volar con Propósito
25 de Agosto del 2004

Empecé en IGI y laboré hasta agosto del 2005. Trabajé aprendiendo con entusiasmo, y cada día me sentía más fascinada al descubrir las maravillas que se ocultan dentro de los diamantes. Verlos bajo un microscopio, con un aumento de más de 10x, era simplemente asombroso. Observar cómo muchos de los destellos de sus incrustaciones naturales se refleja en las caras (facetas), formando figuras similares a espejos de caleidoscopio, era una experiencia mágica.

Movida por esta fascinación, tuve la iniciativa de dibujar algunas de esas imágenes mientras las describía en los reportes.

En mi rol, era la primera persona en pre-evaluar las piedras de más de un quilate Después de mi análisis, los diamantes pasaban a dos personas más que revisaban todo, y según sus criterios, un tercero especialista finalizaba la evaluación. Así, se obtenía un informe con conceptos técnicos basados en tres análisis.

Mientras tanto, Ryan regresó a casa después de haberse graduado en Fort Dix y expresó que quería empezar el college. Irvin lo llevó para hablar con un decano para orientarlo sobre las materias que debía tomar para reiniciar sus clases. Ryan se matriculó, pero después de un par de semanas, recibimos una llamada preguntando por su inasistencia.

De nuevo, surgió una gran discusión entre Irvin y Ryan. Irvin le dejó muy claro que si no quería estudiar, tenía que conseguir un trabajo. Ryan, viéndose acorralado, comenzó a fingir que buscaba empleo por Internet, pero en realidad, estaba buscando dónde localizar a su madre biológica, con quién no tenía contacto desde los seis años. Ahora, bajo la excusa de buscar trabajo, Ryan decidió buscar a Caroline y lo logró por Internet.

Fue así como, un día muy temprano, escuchamos el timbre de nuestra puerta. Ryan abrió y, de inmediato, me despertó diciendo que su madre biológica estaba en casa, buscándolo. ¡Dios mío, qué susto me llevé! Bajé corriendo y, al verla, la saludé muy formal y la abracé, a pesar de que su actitud no era nada agradable. Su apariencia era muy particular: parecía un hombre con el cabello muy corto, vestía unas bermudas cortas, tenis, gorra y unas cadenas muy gruesas. Venía acompañada de un chico joven muy alto, como de la edad de Ryan, a quien presentó como su primo. De forma poco amable, nos dijo que venía a rescatar a Ryan, porque nosotros, según ella, lo habíamos secuestrado por todos estos años.

Gracias a Dios, en ese momento ya hablaba inglés con fluidez, lo que me permitió calmarla y hacerla entrar en razón, pidiéndole que no hablara de esa manera. La invité a entrar y tomar asiento. Le aclaré enfáticamente que nunca habíamos secuestrado a Ryan. Le recordé que Irvin la había notificado por correo, que ella sabía que estábamos en NJ desde hacía varios años, y que nunca se había comunicado por carta expresando su deseo de venir a tener contacto con él. Le pedí, por favor, no afirmara lo del secuestro, porque aunque ella no quisiera aceptarlo, yo había sido su madre durante todos estos años y, gracias a Dios, teníamos una muy linda relación.

Le insistí en que necesitaba hablar frente a frente con Irvin de muchas cosas. Como él estaba trabajando, le pedí la información de dónde se estaba alojando. Habían venido manejando desde Texas por más de dos días y se hospedaban en un hotel cerca de casa. Le aseguré que, cuando Irvin llegara del trabajo, le daría los datos para que se encontraran y pudieran hablar. Caroline se calmó, me dio las gracias por haberla recibido bien y estuvo de acuerdo con lo que le propuse.

Después de que se fueron, le pregunté a Ryan si quería ir a pasar el día con su madre biológica, Caroline, hasta que Irvin llegara del trabajo y fuera por él. La idea era que así pudieran reunirse y hablar de muchas cosas. Él aceptó. Me arreglé y luego llamé a Caroline para avisarle que le llevaría a Ryan para que compartieran juntos unas horas antes de que Irvin fuera a encontrarse con ellos y regresar con Ryan. Caroline estaba feliz y agradecida de que hubiera organizado eso. Llevé a Ryan al hotel de Caroline, y luego llamé a Irvin y le conté lo ocurrido.

Ivin se disgustó profundamente. Me dijo que cómo se me había ocurrido hacer algo así, revelando un doloroso incidente del pasado: Caroline ya había secuestrado a Ryan una vez, cuando él tenía solo tres años. Ella le había dicho que lo llevaría a Disney World, pero en realidad andaba con una amiga en un coche con drogas. La policía las detuvo y las llevó presas. Al niño lo trasladaron a una casa de niños desamparados, e Irvin tuvo que viajar muy lejos para recuperar a Ryan, siendo esta la razón por la que ganó la custodia permanente del niño. Esta era la causa de la inmensa molestia de Irvin, que yo hubiera llevado a Ryan al hotel donde estaba Caroline, temiendo que de pronto ella cometiera otra de sus "locas decisiones".

Lo tranquilicé diciéndole a Irvin que no pasaría nada porque Ryan ya no era un niño pequeño y tenía todo el derecho de compartir y hablar con su madre lo que quisieran. Cuando Irvin llegó del trabajo, fue al hotel acompañado de mi padre. Caroline, como era de esperarse, comenzó a tratarlo mal verbalmente y a afirmar cosas que no eran ciertas.

Cuándo regresaron a casa, pude ver lo perturbado que estaba Ryan y lo decepcionado de Irvin. Había vuelto a ver a Caroline después de tantos años y escuchando cómo aún continuaba con odio y resentimiento contra él, a pesar de que gran parte de lo ocurrido había sido por su culpa. Irvin, por su parte, estaba molesto conmigo por haber llevado a Ryan a pasar esas horas con ella.

Ahora, la nueva preocupación era que Caroline quería llevarse a Ryan a Texas para que compartiera un tiempo con el otro lado de su familia.

Irvin no quería que Ryan se fuera porque sabía que vería con sus propios ojos la realidad de quién era Caroline. Le discutí que era el momento que eso pasara; él era un adolescente y era crucial que conociera al resto de su familia y pasara tiempo con ellos. Además, Ryan ya había compartido su vida con nosotros y sabía perfectamente cómo eran las cosas en casa y el amor que recibía. Ryan quiso hablar a solas conmigo, me preguntó si lo dejaría ir con Caroline y su primo por un tiempo a Texas. Le contesté que sí. Nos abrazamos, y con lágrimas en los ojos, me dijo que yo siempre sería su mamá. Ansioso, empacó su ropa y se fue con ellos. Fue muy triste, pero era algo que él tenía que vivir.

Pasaron siete meses cuando Ryan me llamó llorando, expresando que no quería estar más allá. Me contó que Caroline, debido a su trastorno bipolar, tenía días que lo quería, pero muchos otros no deseaba saber nada de él, lo trataba muy mal con vulgaridades y le reprochaba ser igual a Irvin.

Le conseguimos el tiquete de regreso lo más pronto posible y retornó a casa. Estaba contento de estar de nuevo con nosotros y, al mismo tiempo, muy triste del estilo de vida que llevaba Caroline, sus adicciones y los problemas relacionados con su enfermedad bipolar. Cuando regresó, había aumentado mucho de peso; Caroline no había cambiado su estilo de vida ni su alimentación diaria con comida rápida, especialmente pizza, afectando la salud de Ryan. Se enteró también de que vendía constantemente droga en la casa. Me contaba muchas historias y experiencias difíciles vividas en esos pocos meses.

Estuvo unos días en casa y le insistimos en regresar a estudiar o a que buscara un trabajo, De manera amable pero enérgica, entendió que no podía quedarse durmiendo y dedicado a los videojuegos. Cuando menos pensamos, me pidió que lo llevara a un pueblo cercano para entregar una solicitud de trabajo. Lo acompañé sin saber que se estaba enlistando en el Army. Cuando nos anunció su decisión, fue una noticia dura e impactante, pero él estaba muy seguro de dar ese paso. Adquirió un contrato con el Army de USA, adscrito en la base de Texas.

Fue inmensamente triste vivir y tener que aceptar una decisión así de un hijo. Dios mío, qué dolor tan profundo y angustia tan grande. ¿Cómo entender el por qué de esa decisión cuando podía estar mucho mejor estudiando o trabajando?. Fue angustiante para toda la familia y especialmente triste para sus dos hermanitos, Melanie y Jacobo.

Poco tiempo después de llegar a Texas, lo enviaron a Afganistán, en medio de esa horrible guerra con el medio oriente, desatada tras el atentado de las Torres Gemelas en NY el 11 de septiembre del 2001. Ryan viviría la guerra más atroz.

Sin embargo, la vida continuaba y yo seguía trabajando y aprendiendo en IGI. Cuando se acercaba el tiempo de cumplir mi primer año, tomé la decisión de hablar con Mark Reyes, mi jefe. Le planteé la posibilidad de que la empresa patrocinara mis estudios en GIA para obtener mi diploma como Gemóloga. Me contestó que lo sentía mucho, pero que no iban a patrocinar a más empleados. Explicó que anteriormente lo habían hecho y, después de lograr su título, los empleados renunciaron y se vincularon al laboratorio de GIA. Le dije que lo entendía.

Recordé entonces a Víctor Hugo García, el Peruano manager del área de educación de GIA que había conocido en la feria de trabajo. Decidí llamarlo. Le comenté de mi interés de trabajar con ellos, destacando la amplia experiencia que había adquirido durante mi año de trabajo con IGI y le pregunté si quizás podría ayudarme a conseguir mi entrenamiento en Gemología en su prestigiosa empresa.

Me respondió que, en ese momento, tenía un puesto disponible, pero no en el laboratorio donde estaban los evaluadores, sino en la sección educativa. Necesitaban ayuda en las oficinas del Departamento de Matrículas de los estudiantes internacionales interesados en gemología. Me preguntó si tenía alguna experiencia en trabajo de oficina, y le confesé que no, pero le aseguré que aprendía muy rápido, y le pedí encarecidamente que me diera la oportunidad.

Me citó en su oficina para el lunes siguiente para hablar del tema. Me preparé para la entrevista con un portafolio completo, cartas de recomendación y, por supuesto, muy profesionalmente presentada. Sabía del prestigio de esta empresa, pero no me percaté de leer sobre la parte de educación en detalle o de averiguar quién era el director de la escuela en NY.

Las oficinas eran preciosas, adornadas con vitrinas que exhibían con joyas y piezas de diamantes exuberantes. Víctor me invitó a seguir a su oficina para la entrevista y conocerme mejor. Estaba tranquila, sin nervios, y comencé a conversar con él muy cómodamente. En medio de la entrevista, entró un señor muy bien presentado, y a quien Víctor nos presentó: era Dan Campbell, el director de la Escuela de NY. Tomó asiento y también comenzó a entrevistarme.

Lo sorprendente fue que Dan prestó particular atención a un anillo que yo llevaba puesto, elogiándolo.

Le contesté que lo había diseñado y hecho cuando estaba en la universidad, y sorprendido, quiso ver mi portafolio. A continuación, me hizo muchas preguntas sobre mi carrera; le hablé de mi trayectoria y de la tradición familiar en la joyería. Después de preguntas y respuestas, y de mirar detalladamente mi portafolio, se dirigió a Víctor y le pidió hablar en privado. Salieron por un corto tiempo y, al regresar, Dan preguntó si estaría dispuesta a tomar una posición como Instructora de Joyas. Me explicó que hacía mucho tiempo deseaba retomar la enseñanza de Diseño de Joyas en el área de Educación en Nueva York. La pregunta me sorprendió, así como la condición de tener que viajar por seis meses a San Diego, CA, para tomar el entrenamiento en su sede central y aprender las técnicas de diseño con los estándares de GIA.

¡Dios mío, no lo podía creer, me parecía estar soñando! Le respondí que sería un honor aceptar esa proposición. Me preguntó si tendría que consultar primero con mi esposo, sabiendo que teníamos niños pequeños. Le aseguré que contaba con el apoyo incondicional de él, de mi suegra y de mis padres en todo lo relacionado con el cuidado y atención de los niños durante el tiempo que yo estuviera en mi entrenamiento. ¡Qué maravilla de entrevista!

Acordaron enviar la documentación para iniciar el proceso de contratación y trámite para la posición, ya que aún no había sido publicada y tardaría unas tres semanas en estar lista. Esto incluia ultimar los detalles de pasajes, hotel y todo lo necesario para mi viaje a California. Salí de GIA con esa leve sensación de bailar en un solo pie; sentía una felicidad indescriptible, una mezcla de ganas de llorar y de gritar de alegría, ¡algo que nunca antes había experimentado!

Me paré en una esquina de NY, llamé a Irvin para contarle cómo me había ido en la entrevista. Le expliqué que lo que se suponía que era para un puesto de oficina, ahora era una oferta para ser Instructora del Departamento de Joyería de GIA. Necesitaba que me pellizcaran para saber si no estaba soñando. Irvin se puso muy contento y, por supuesto, no tuvo ningún problema con que tuviese que viajar. Al día siguiente, pasé mi preaviso de renuncia en IGI y a las dos semanas me retiré.

Inicié todos los trámites de documentación, exámenes médicos y las pruebas de drogas para revisar mi historial laboral. Todo salió perfecto y comencé a vivir un sueño con GIA como Instructora en el hermosísimo estado de California. Me alojaba en un precioso hotel de San Diego, a solo 15 minutos de la playa, con un clima extraordinario.

El proceso de entrenamiento era bastante riguroso. El curso inicial duró nueve semanas muy estrictas, seis horas diarias, con clases de lunes a viernes, y una enorme cantidad de proyectos y tareas. Dormía de 3 a 5 horas diarias, y cada día tenía que llegar al hotel para seguir haciendo tareas y estudiar hasta muy altas horas de la madrugada. Todo esto para poder aprobar los exámenes y elaborar los proyectos. Fue un curso muy difícil que culminaba el día de la graduación con la entrega de diseños de joyas pintadas en acuarelas y enmarcadas para una exhibición, a la que asistirían invitados de la industria y el gremio de joyería.

Fue una experiencia extenuante. El entrenamiento, una prueba difícil, retadora y agotadora debido al exceso de trabajo y compromiso. Anhelaba tener un poco de tiempo para disfrutar de las bellezas que había a mi alrededor, pero desafortunadamente fue escaso por la demanda de mi trabajo. A la mitad del proceso, comencé a sentir que no lograría superar la prueba; estaba agotada y estresada. Llamaba a Irvin llorando, diciéndole que iba a renunciar, que todo era demasiado difícil para mí. No era sólo la presión de completar los proyectos y aprobar los exámenes, sino también la necesidad de reunirme con los colegas profesores y sustentar mis sesiones de instrucción para ser evaluada sobre cómo me desenvolvería al enseñar sola en NY.

Para calmar mi angustia y desesperación, Irvin decidió venir a visitarme con los niños por un fin de semana. Fue una sorpresa hermosa tenerlos conmigo, pero por algún motivo perdieron el vuelo original y tuvieron que tomar el siguiente. Con el cambio de hora entre estados y la distancia llegaron a San Diego a las 11:00 p.m. del sábado para regresar el domingo. Fue precioso tenerlos y volver a abrazarlos, ver las caritas de mis niños y disfrutar con ellos de una linda y divertida mañana en el parque de Legoland en San Diego, un hermoso parque de diversiones para toda la familia. Esas horas pasaron volando, pero revivió mi espíritu y me dieron ánimo para seguir dando lo mejor de mí y culminar mi proyecto con entusiasmo.

Durante mi historia en California, tuve también la bendición de recibir a mi madre, quien se quedó compartiendo conmigo una semana. Pudo observar como era de intenso este proceso de entrenamiento y las pocas horas que tenía para dormir. Visitamos a una tía que vivía en Los Ángeles. Conocimos y compartimos con esa parte de la familia que no conocía. Fueron momentos cálidos y especiales con mi tía Asbel y mis bellas primas Patricia y Fredia. Mi tía nos convenció de ir a Las Vegas. Fue una aventura con circunstancias inesperadas: seis horas manejando por carreteras con desiertos a ambos lados, ningún sitio para parar a usar el baño o comer algo, y la señal del teléfono no funcionaba bien. El viaje coincidió con el fin de semana de San Patricio, la popular fiesta de los irlandeses.

En mi opinión, no fue nada divertido haber manejado tantas horas para caminar unas cuantas, conociendo la arquitectura de los casinos y encontrar tanto libertinaje en casos extremos. Estaba demasiado cansada y sólo quería llegar al hotel, dormir y levantarme lo más pronto posible para regresar a San Diego. Tenía muchas cosas pendientes con los proyectos y mi trabajo, pero mi madre disfrutó bastante de su paseo en California, especialmente la visita a nuestra tía y el compartir con ella, a quien no veía hace muchos años.

Cuando terminé mi entrenamiento, regresé a casa muy feliz de haber logrado culminar con éxito mis proyectos y haber obtenido el diploma como Diseñadora de Joyas de una entidad líder como GIA. Me sentía orgullosa de mí misma y de ser ahora parte de la sede de Educación de esta empresa, recibiendo la llave del salón de clase donde empezaría a ejercer mi carrera como Instructora, con la enorme satisfacción de ser yo quien entrenaría a estudiantes que vendrían de muchos países del mundo a tomar el curso de ¡nueve semanas, seis horas al día, todos los días!.

Me embarqué en una de las experiencias profesionales más maravillosas y placenteras que en la vida me hubiese podido imaginar. Superaba todos mis sueños y anhelos: tenía un buen salario, los beneficios aspirados y, lo mejor de todo, la relaciones tan especiales que lograba con cada uno de los grupos de 20 estudiantes que tenía en cada curso. Conocí personas muy especiales que llenaban mi vida de alegría, compartiendo momentos que crearon relaciones valiosas que hasta el día de hoy permanecen en mi aprecio, manteniendo contacto con muchos de estos estudiantes de los que me siento profundamente orgullosa de ver lo que han logrado con sus profesiones. Muchos de ellos son hoy día dueños de sus propias boutiques de joyas y continúan creciendo y haciendo historia.

De mis historias y experiencias vividas ellos se nutrían y con gratitud me expresaban lo que yo los motivaba para crear y lo que para mí significaba oírlos decir: "Mrs. Gartner, usted debe escribir un libro, tiene demasiado potencial para inspirar y su corazón es muy valioso para todos los que la conocemos." Son recuerdos que revivo constantemente y siento nostalgia por aquellos hermosos días cuando la creatividad y la inspiración dominaban mis días y los ofrecía a mis alumnos, quienes se abrían a un nuevo mundo de expresión artística que sigue siendo parte de sus vidas. Continúo en contacto con algunos de ellos y puedo ver que algunos de esos diseños que una vez estuvieron plasmados en muchas horas de trabajo en un papel pergamino con acuarelas, para terminar en preciosas pinturas, son ahora joyas exclusivas que continúan en mi memoria, desde su proceso inicial de borrador hasta su terminado de alta calidad y joyería prestigiosa.

Agradezco infinitamente a Dios por esos días tan maravillosos en GIA porque, a pesar de las difíciles pruebas y retos que tuve que pasar durante esos años, logré capacitarme, graduarme y crecer con ellos. Los empleados teníamos el privilegio de estudiar cualquier carrera relacionada con la industria sin ningún costo. Sabía que esa oportunidad no la podía desaprovechar y con ellos logré obtener estos diplomas y certificados, Jewelry Design, Diseño por Computador Cad/Cam, Evaluadora en Diamantes, Tallado en Cera, Evaluadora en Perlas, Identificación de Gemas y el más grande y costoso de todos los diplomas, GG (Gemóloga Graduada). Durante los años trabajados, tenía algunos espacios entre mis cursos que no tenían estudiantes y los utilizaba encerrada en mi salón, dedicada a estudiar y examinar todo tipo de piedras para lograr pasar todas las prácticas de evaluación y examinación de ellas.

Pasaba largas horas y días estudiando y llegaba a casa muy tarde. La mayoría del tiempo los niños ya estaban acostados y cuando salía en las mañanas no se habían despertado; debía estar en la parada del bus antes de las 6:00 a.m. Eran muy pocas las horas que veía a los niños y a Irvin menos. Cada vez sentía como nuestra relación se enfriaba más y más, principalmente porque había adoptado un estilo de vida donde la protagonista era solo yo y me dedicaba a superarme profesionalmente cada día más, sin pensar en mi papel de madre y de esposa. Estaba muy cómoda teniendo tanta ayuda y apoyo de Irvin, mi suegra y mis papás.

Recuerdo mucho los fuertes dolores de cabeza que sufría diariamente, especialmente en las madrugadas, caminando desde el puesto del autobús hacia el trabajo en las extremas temperaturas de NY y el exceso de turistas y ejecutivos en las calles. Lo mismo ocurría a la hora de salida, el terminal de buses estaba demasiado congestionado y a diario teníamos que hacer filas de más de una hora para entrar en el bus y esperar lograr un puesto. Esa parte del transporte diario era crítica, sumado a las temperaturas extremas del invierno y el verano.

Recuerdo que, para los últimos meses del año 2010, Irvin y yo enfrentamos una crisis que se centraba en mí. Quería separarme porque no había nada que me hiciera sentir querida como mujer de la manera que yo quería.

Hablé con mis padres sobre lo que estaba sucediendo. Se pusieron muy tristes porque ambos querían a Irvin; sabían que era un buen hombre. Mi madre, sobre todo, me ponía a pensar en otras parejas donde los maridos eran abusadores, no apoyaban a sus esposas en casi nada y mucho menos les daban la libertad que yo tenía. Siempre me recalcó los valores de Irvin, su apoyo para estudiar y salir adelante en todo lo que me propusiera. Mi padre también se entristeció, pero decía que era mejor no meterse en mis decisiones. Mi suegra también aportó a mis reflexiones, me decía: " Mi hijita, si usted ya no es feliz al lado de Irvin es mejor que tome la decisión de hacer lo que le dé la felicidad antes de que viva infeliz el resto de la vida." Los consejos seguían brindando una dualidad en mis sentimientos; sentía que mis padres entendían más a Irvin y que mi suegra me entendía más a mí.

Uno de esos días de angustia, indecisión, ansiedad y frustración, fui a arreglarme las uñas a casa de Victoria, una señora muy linda, amiga de mi madre. Mientras me atendía, me empezó a preguntar cómo estaba y cómo estaba la familia. Notó que había tocado un tema que me angustiaba. Victoria era una mujer cristiana, muy creyente en Dios y quizás, sabiendo por mi madre algo de mi vida, proporcionó la manera para que yo la hiciera mi confidente. Empecé a contarle mis angustias y a llorar. Me invitó a que fuera la iglesia donde ella se congregaba. Al instante pensé, ¿A la iglesia? Mi mente retrocedió a imágenes nítidas. Dios debía estar muy disgustado conmigo porque me había alejado de él por muchos años; no cumplí la promesa de congregarme y dedicar mi vida a él si me enviaba un hombre bueno por esposo.

Vicky me dio el nombre de la iglesia y me dijo que era cristiana pentecostés. Pensé "¡No, mucho menos iré!" Había crecido a dos casas de distancia de una iglesia pentecostés y de niña me paraba en la puerta durante sus servicios a gritar y a imitar sus gritos de aleluya, e incluso les tiraba piedras (toda una gamina era yo a esa edad). Antes de terminar de arreglar mis uñas, volvió a insistir en que Dios me quería muchísimo y que estaba esperando que yo regresara a él.

Mi tristeza era más profunda al salir de su casa. Me sentía de alguna manera culpable conmigo misma y egoísta por no ser agradecida con todo lo que tenía y con las oraciones que Vicky me regaló. Sólo quería llorar. Me encontraba tan vacía que consideré el deseo de querer morir. Manejaba y apretaba el acelerador del auto al máximo, creyendo de alguna manera que el peligro produciría algún cambio en mis emociones.

Un día, mientras manejaba y escuchaba música, lloraba. Hice un pare en una señal de tránsito y, cuando miré a la izquierda, estaba enfrente de la iglesia que Vicky me había mencionado e invitado a asistir. Instintivamente me estacioné y entré, sin saber si estaría abierta porque no había ningún carro alrededor. Me bajé del carro y pensé: "Si la puerta está abierta entro." Estaba abierta y lo primero que vi frente a mí fueron unas escaleras muy largas. Empecé a subir y, al llegar al segundo piso, encontré dos puertas, una a cada lado. Decidí acercarme a la puerta de mi derecha; todo estaba oscuro, no había luces encendidas, sólo se veía un poco por un rayito de luz que se traspasaba en medio de unas cortinas pesadas.

Había un santuario enfrente con una cruz relativamente pequeña y muchas sillas. Decidí entrar y acercarme al santuario. Me arrodillé y comencé a llorar y a rezar el Padre Nuestro y el Ave María. Lloraba más y más, de pronto sentí una mano encima de mi cabeza. Me asusté muchísimo, pero escuché una voz que me decía: "Todo este tiempo te he esperado, cuarenta años tardó el pueblo de Egipto en ser liberado del faraón y ahora estás aquí encontrándote donde te he estado esperando ." ¡Dios mío! Qué emoción tan fuerte, lloraba más intensamente porque exactamente yo estaba en mis 40s. Abrí mis ojos y vi que era un hombre quien había puesto su mano en mi cabeza. Estaba orando y me dijo que era el pastor de la iglesia, que sabía que no era una coincidencia que los dos estuviéramos ahí en ese momento. La iglesia normalmente no habría ese día ni a esa hora; su esposa lo acababa de dejar ahí para que sacara algunas cosas de su oficina ubicada detrás del santuario y que regresaría a recogerlo en media hora, por eso estaban las puertas sin seguro.

Nos sentamos y él siguió orando por mí, ofreciéndome conectar con un grupo de mujeres muy especiales de la congregación que podían ayudarme y apoyarme en cualquier situación. Empecé a tranquilizarme, a sentir una paz inmensa. Su esposa entró, él la llamó, se presentó y, con un abrazo hermoso y muy sincero, me tomó entre sus brazos mientras oraba con profundo sentimiento por mí. Cada instante que pasaba, mi corazón se impregnaba de paz y de felicidad. Intercambiamos números de teléfono y, al salir, observé que esa pequeña iglesia no guardaba para nada el concepto físico de las iglesias que conocía. Me embargaba una inmensa paz.

Al día siguiente, recibí una llamada de la esposa del pastor invitándome a la casa de una mujer que dirigía una célula. Era un lugar donde se reunían pequeños grupos de miembros de la iglesia para leer la palabra de Dios, comentar las enseñanzas, reflexionar sobre lo comprendido y aclarar lo que no. Asistí a esta invitación y pude conocer a una preciosa familia totalmente ungida con la presencia del espíritu de Dios: Reina y Héctor Girón. Ellos se convirtieron en mis padres mentores. Me daban muchísimo cariño y me guiaban constantemente para ir construyendo una relación con Dios. Anhelaba cada semana ese hermoso encuentro. Me esforzaba en salir más temprano del trabajo para llegar a tiempo a casa de Reina y alimentar mi espíritu de esas maravillas que experimentaba en cada reunión. Empecé a asistir a los servicios del domingo y llevaba a Jacobo conmigo. Irvin y Melanie se reían, pero ninguno quería acompañarme. Mi felicidad crecía aprendiendo de la palabra y enseñanzas.

SPC RYAN ANTHONY GARTNER
11 April 1987 - 1 February 2011
OPERATION ENDURING FREEDOM

Latidos que dejan de volar
La más terrible de las experiencias vividas
Febrero del 2011

Unos cuatro meses después de estar viviendo esta inexplicable experiencia, venía, como de costumbre, en el bus de regreso a casa. Sabía que Irvin me estaría esperando en la parada del bus. Siempre lo llamaba cuando ya me había subido al bus para saber si me recogería o si, por algún motivo, se presentaban dificultades en el tráfico o había un accidente. En estos casos, mi madre o mi padre me recogían para que Irvin no llegara tarde al trabajo. Cuando llegué a la parada del bus, Irvin no estaba. Me sorprendí porque había dicho que me recogería. Me monté en el carro de mi padre y pregunté por qué Irvin no había ido por mí.

Mi corazón dio un salto. Mi padre me informó que dos sargentos habían llegado a casa preguntando por Irvin y por mí, y estaban esperando. Sentí un frío intenso en mi cuerpo. No quise preguntar más y empecé a orar en silencio camino a casa. Mi padre me miraba y, como siempre lo hacía, me decía con su hermosa sonrisa: "¡Yo te quiero, mi bebé!". Cuando llegamos a casa, saludé a los sargentos y vi a Irvin sentado en la sala, paralizado. Me pidieron que me sentara, que vinieron para darnos una triste noticia. Ryan había fallecido. ¡Dios mío! ¿Qué oían mis oídos? ¡Qué terrible noticia escuchaba! Fue una tragedia devastadora. No podía creerlo, no podía ser cierto. Empecé a gritar y a llorar como una loca. Todos escucharon mi llanto, Melanie y Jacobo, mis padres y mi suegra. Es algo que jamás en la vida llegamos a imaginar.

Una noticia como esta sacude cada rincón de tu ser, te deja sin aliento. Después de muchísimo rato de llantos, gritos y angustia viene el silencio. Es indescriptible, instantes que pareces estar en una pesadilla, momentos que necesitas gritar, saber que estás despierto y no es solo el más terrible de tus sueños, sino la más horrible de tus realidades.

Según los sargentos, Ryan no había muerto en combate. La notificación era que Ryan se había suicidado. Todavía más terrible de asimilar esta noticia.

En medio de ese terrible dolor y sufrimiento, me di cuenta que Dios me había esperado pacientemente por tantos años y me había llamado de nuevo para que yo pusiera todo mi corazón y confianza sólo en él. Sentí esa voz interior desde lo más profundo de mi ser susurrándome al oído: "Yo estoy contigo; todo lo puedes en mí."

Irvin, los niños, mis padres, mi suegra y yo estábamos tan impactados que sólo había un vacío de dolor y ese silencio que te aplasta, haciendo sentir que había llegado el fin de todo. Así nos quedamos por varios días; en casa se vivía la desolación. La tristeza en nuestro hogar era demasiado grande, se sentía un vacío indescriptible, un dolor en el alma.

Llamé a mis hermanos de la iglesia; empezaron a darme apoyo y a sostenerme con muchas cadenas de oración y soporte en muchos sentidos. Los vecinos también empezaron a manifestarse de muchas maneras y con mucho amor, enviándonos bandejas de comida todos los días desde diferentes casas.

Hasta hoy, siento en mi corazón que el suicidio no fue la causa de la muerte de Ryan. Hay un velo de misterio, algo mucho más profundo y doloroso de entender. Siento que el Departamento de US Army es el responsable del fatídico final de la vida de mi hijo.

Recuerdo vívidamente mis últimas conversaciones con Ryan, nuestra última Navidad juntos, y particularmente un día en que estaba calificando algunos proyectos en mi oficina. Ryan subió y me preguntó si tenía tiempo para que habláramos, y yo, por supuesto, paré lo que estaba haciendo. Se postró de rodillas al lado de mis piernas y comenzó a llorar como un niño. Me asusté mucho y le pregunté, "¿Qué le pasa, mi amor?". Para ese tiempo, estábamos en la búsqueda de Osama Bin Laden, responsable de uno de los más atroces ataques terroristas en los Estados Unidos a las torres gemelas de Manhattan.

Empezó a contar cosas muy duras que estaba viviendo en Afganistán. Él tenía un cargo de Inteligencia qué implicaba recibir y manejar demasiada información militar y, mientras lloraba, me relató que él y su tropa ya tenían toda la ubicación de este terrorista. Señaló que todo lo de la guerra era demasiado corrupto, que aún sabiendo dónde se encontraba este buscado sujeto, no podían llegar a capturarlo o matarlo porque había demasiada política envuelta y debían esperar órdenes de cuándo proceder.

Ryan estaba siendo víctima de muchísima presión porque ya terminaba su alistamiento y querían que firmara otro término de tres años más, hasta que terminaran la misión de la captura y la guerra contra el Medio Oriente. Él ya estaba cerrando su segundo término y llevaba seis años con ellos. Al escuchar su relato y al ver su angustia y desesperación ante qué decisión tomar, mi consejo fue determinante: "No mi amor bello, es ahora el tiempo que renuncies y regreses a casa; han pasado seis años y has estado por fuera viviendo en medio de esta ilógica corrupción. Nosotros te queremos y necesitamos en casa". Me advirtió que todo lo que estaba compartiendo era información demasiado secreta y que no estaba supuesto a hablar con nadie sobre estos temas, ni siquiera con alguien de la familia, todo bajo juramento de confiabilidad.

Después de qué lloramos juntos y Ryan se sintió apoyado, se calmó y me dijo que estaba de acuerdo, que regresaría a Afganistán y firmaría los documentos para terminar su contrato y regresar a casa a finales de enero o principios de febrero.

Ese fin de semana, me propuso que saliéramos a algún sitio porque nunca había estado en una discoteca y le encantaría conocer alguna en NY. Accedí y planeamos ir a la Gran Manzana. Invitó a uno de sus amigos de NJ pero no pudo acompañarnos. Entonces, decidimos ir a un "TGI Fridays" a comer y tomarnos unas cervezas juntas. Mientras comíamos y riéndonos, hablamos de lo mucho que disfrutamos esa primera vez que lo estábamos haciendo, la primera vez que de adulto se tomaba una cerveza conmigo. Llamamos a Irvin y, como ya había salido del trabajo, lo invitamos para que se uniera. ¡Qué tiempo tan bonito compartimos juntos!. Tuvimos agradables conversaciones y fue muy especial esta primera vez que hacíamos algo ya como adultos. Y reafirmamos los nuevos planes que llevaríamos a cabo cuando él regresara. Hubo algo muy especial que ocurrió antes de que llegara Irvin.

En medio de nuestra conversación, Ryan se abrió muchísimo y me habló de su vida íntima. Me contó lo frustrado que se sentía al hablar con sus amigos y compañeros del Army porque todos tenían vidas sexuales activas. Él jamás había estado en intimidad con ninguna mujer, ni siquiera con una casi novia que tenía en el Army. Consideraba que el sexo era algo demasiado bonito y especial, y que deseaba esperar a encontrar la mujer que lo quisiera, casarse con ella y vivir juntos esa intimidad.

Mientras me lo contaba, yo veía un hombre puro, con un corazón tan lindo y queriendo vivir un estilo de relación que es poco común a su edad. Me preguntaba si creía que él estaba mal y si pensaba que eso sería imposible de vivir. Yo sonreía porque precisamente una estudiante de mi clase, una preciosa coreana, me había compartido el mismo anhelo de vida.

Fue increíble que Dios me permitiera presentarlo con Monica Choi, una hermosa joven con muchísimo talento. Concordamos un sitio de encuentro antes de que Ryan regresara a Afganistán. Se dio en medio de la semana, nos vimos en un sitio muy hermoso llamado Archetypus en Edgewater, NJ.

Ryan y Mónica estaban súper felices, hablaron muchísimo, hicieron una conexión perfecta. Me sorprendía ver como Dios hacía todo tan perfecto. Ryan siempre fue un amante de la cultura asiática y todo lo que compartían era como si se conocieran hacía muchísimo tiempo. Empezaba a preocuparme que hubieran pasado casi cuatro horas y ellos continuaban hablando y yo debía levantarme temprano al día siguiente para ir al trabajo. Oraba y le agradecía a Dios lo feliz que estaba de ver esas sonrisas y la felicidad que presenciaba. Sentía que podían llegar a tener una relación preciosa porque congeniaban y ninguno había tenido intimidad con alguien en sus vidas. Cuando salimos del sitio habían compartido sus contactos, acordaron seguir en comunicación y que se volverían a ver al regreso de Ryan.

Ahora, el impacto de esta trágica noticia me envolvió en un silencio profundo donde escuchaba una voz que me decía: "No se trata más de ti, es tiempo que tomes el rol de mamá, esposa y estés al lado de tus otros dos niños, Melanie y Jacobo."

Antes de su regreso a Afganistán y después de conocer a Monica, quien estaba completamente inmersa en el mundo de las joyas y el diseño, hicimos hermosos planes. Ryan estaba muy feliz con la idea de que cuando regresara en enero, entraría a estudiar a GIA.

En seis meses de estudio intenso podría obtener un título de Gemólogo. Luego, viajaría a Afganistán a comprar rubíes directamente de algunos de los proveedores que continuamente se los ofrecían, pero que, al desconocer las características y cualidades de las gemas, evitaba comprar. Después, yo podría diseñar joyas con esas gemas y mi padre las fabricaría. Ryan tendría descuentos para pagar las altas matrículas de GIA por ser hijo de una profesora. Se ilusionó con estas ideas.

Mis recuerdos brotaban a borbotones. Recuerdo que Melanie cumplía sus 16 años en febrero y ella, al igual que su hermano, vivía fascinada con todo lo relacionado con la cultura asiática. Ryan anhelaba conocer Japón y pensó ir con Melanie para darle de regalo el viaje y celebrar los dos su fecha especial. Además, podría pagar los gastos por los dos con el dinero que le daría el Army al culminar su contrato. También quería estar más al tanto del crecimiento de Jacobo; esperaba poder llevar a los dos hermanos a la escuela en las mañanas, disfrutar de jugar videojuegos con Jacobo y armar legos. Esto último solo lo podían hacer cuando venía de vacaciones en Navidad, un tiempo que para Jacobo era entrañable porque podía disfrutar esos pocos días con su hermano. Inclusive habiendo dos camas en el cuarto, dormían juntos y se reían todo el tiempo.

Así quedaron, truncados, todos esos sueños y planes que hicimos en su última visita a casa y la última Navidad que disfrutamos juntos.

Decidí renunciar al trabajo en GIA. Ni Irvin ni mis padres estuvieron de acuerdo con esa decisión, pero yo me sentía demasiado afectada emocionalmente. Ninguno quería que yo renunciara a tan grande logro, pero mentalmente no podía más.

Irvin y yo viajamos a Baltimore para recibir el cuerpo de Ryan. El Army nos ubicó en un edificio donde hospedaban a los familiares de los soldados para recibir la llegada de los cuerpos en un avión especial. Nos mantenían a cierta distancia donde podíamos observar cómo un grupo de soldados bajaban los féretros, luego los trasladaban al proceso de autopsia. Por esa supuesta razón, no era permitido ver o identificar los cuerpos.

Estuvimos una noche y nos encontramos con Caroline, quien también se hospedaba en el mismo lugar. Compartimos un salón común donde podíamos consumir cualquier tipo de alimento o bebida. Fui a buscar agua y Caroline al verme, comenzó hablar muy alto y a decir que era culpa de Irvin que Ryan estuviera muerto. Traté de hablarle y calmarla, pero no hubo manera, entonces regresé a la habitación.

Al día siguiente, retornamos a NJ y quedaron de entregarnos el cuerpo de Ryan cuando finalizará todo el proceso de análisis forense. Pasó más de una semana y luego nos avisaron que el cuerpo sería trasladado al lugar donde vivía Caroline, lo que nos causó una inmensa tristeza porque él había vivido y crecido con nosotros. Sin embargo, Ryan había firmado unos documentos en los que incluían una pregunta sobre a quién entregar sus pertenencias personales en caso de muerte, y Ryan había registrado el nombre de Caroline, eso incluía su cuerpo físico.

Irvin intentó de muchas maneras hacerle entender a Caroline lo importante que era para la familia tener el cuerpo de Ryan en NJ, donde había crecido y estaban sus amistades. Carolina rehusó concedernos esa petición. Cuando el cuerpo de Ryan estuvo listo para su servicio fúnebre, le rogamos otra vez que nos permitiera, aunque fuese unos pocos días, hacerle un sepelio a Ryan en New Jersey y luego trasladar su cuerpo de nuevo a Texas. Igualmente se negó. Sólo pudimos realizar un simple servicio en la iglesia St. Mary's de Dumont con una foto grande de Ryan.

Todo no terminó ahí. Cuando la entrega estaba lista en Texas para su funeral, Carolina se negó a darle una sepultura digna a Ryan. No quiso que su cuerpo fuera enterrado en un cementerio militar, sino que lo sepultó al lado de su padre en un cementerio en medio de una zona totalmente desértica. Para su funeral, viajamos Irvin, mi madre y yo. Pensamos que era mejor que los niños no vivieran este fuerte impacto y quizás enfrentar algún desplante o escándalo de Caroline. El servicio en una pequeña iglesia en Corpus Christi, TX, fué muy doloroso, pero el sermón estuvo muy espiritual. Cuando salíamos de la pequeña iglesia para dirigirnos al cementerio, Caroline inició su show.

Habían varias personas de la prensa local y reporteros a los que les pidió excluir mi figura de cualquiera de las fotos donde apareciera Irvin. Eso fue lo de menos. Lo más incómodo fue que le pidió a Irvin desplazarnos junto con su familia al cementerio en la limusina que le había pedido al Army. Irvin me consultó si lo hacíamos o continuábamos con el soldado que nos transportaba durante la ceremonia. No me importaba nada de eso y seguir con ella era una manera de evitar algún escándalo; era mejor hacerlo. Nos subimos con toda su familia en una gran limusina y nos dirigimos al cementerio.

La madre de Caroline no paraba de hablar de manera ridícula sobre lo importante que era para ella ese cementerio donde iríamos a dejar el cuerpo de Ryan, porque había sido una de las fundadoras. ¡Dios mío, qué suplicio escucharla! Entre más millas andábamos, el paisaje era totalmente desértico, sin siquiera una carretera, porque el camino era un empedrado lleno de naturaleza seca. En medio de mi angustia, preguntaba a dónde nos dirigíamos, a dónde conducía el camino. Irvin no sabía y yo sentía estar viviendo una pesadilla. Media hora más tarde, aproximadamente, empezaron a aparecer a cada lado del camino motociclistas en Harley Davidson, haciendo línea a cada lado del sendero recorrido. De pronto, el vehículo paró; todo era desolado, no aparecía ningún cementerio. Pregunté dónde estábamos y Caroline respondió que estábamos en el cementerio.

¡Santo Dios! No podía creer el lugar en donde nos encontrábamos y muchísimo menos aceptar que el cuerpo de Ryan fuese a ser sepultado en medio de la nada, a una distancia que ni imaginarme volver. Nos bajamos del auto y casi no podía caminar con mis zapatos altos. Irvin me llevaba de un brazo y mi madre del otro. Mis piernas y todo mi cuerpo empezaron a temblar, sentía que el mundo se me acababa, mi angustia era profunda e intolerable. Parados en medio de la invisible ceremonia del funeral, sentí que no podía con mi cuerpo. Cuando los soldados empezaron a tocar la Diana con sus trompetas, perdí el control de mi ser y me desmayé. Irvin no logró sostenerse y cayó conmigo. Él y los asistentes comenzaron a levantarme. Solo recuerdo sentir algo muy fuerte dentro de mi cerebro, algo dentro de mí se quebró.

Escuché un ruido parecido a cuando se parte por la mitad un lápiz, pero ese sonido retumbó en mis oídos. Mi cabeza se descolgó bruscamente hacia atrás mientras mi mirada se perdía en el infinito. No sé cuánto tiempo pasó, si minutos u horas, escuchaba las voces de Melanie y de Jacobo profundamente. Me subieron a un carro y nadie tenía una botella de agua para darme de beber o echarme en la cara. Me hablaban y me pedían que moviera las manos o los dedos de las manos, pero no respondía. Mi madre, muy angustiada, me lo contó después. Nos dirigimos al hotel y poco a poco fui volviendo en mí.

Según los médicos que me revisaron, sufrí un pre-infarto por falta de oxígeno en el cerebro. Ese episodio, según el neurocirujano que me vio en New Jersey, ocasionó una lesión cerebral traumática leve que produjo un inicio de epilepsia.

Regresamos a casa llenos de angustia, me sentía profundamente perdida en mi dolor emocional. Empecé seguimientos y análisis con especialistas. Me diagnosticaron PTSD, Trastorno de Estrés Postraumático. Me atendieron en una clínica con el objetivo de monitorear todos mis síntomas durante la noche; constantemente escuchaba como si mis neuronas se estuvieran quemando. Sentía ruidos y escuchaba como cortocircuitos dentro de mi cabeza, mi quijada temblaba todo el tiempo como si sufriera de un frío incontrolable y mi cuerpo no podía parar de temblar. Padecía fuertes migrañas y cansancio mental.

Así pasé varias semanas, de especialista en especialista, hasta tener ordenado un EEG (Electroencefalograma) que son unos cables conectados en la cabeza y corazón durante cuatro días sin poder desconectarlos un solo minuto, que transmiten la información directamente al Departamento de Análisis y los resultados al Neurólogo. Cuando el neurólogo me recetó cuatro diferentes prescripciones de medicamentos empecé a leer sobre los efectos secundarios y me aterró como esos medicamentos, con el tiempo, me hubieran creado un daño cognitivo.

Gracias a Dios, y sólo a Dios, que no quise ni siquiera comprar una de esas prescripciones. Confié plenamente en que Dios me sostenía en medio de toda esta dura prueba; Él me había llamado los meses anteriores para que regresara a su encuentro y sólo Él me estaba dando la fortaleza necesaria para afrontar cualquier situación en mi vida y con mis seres queridos. El grupo de mujeres de la iglesia estaba constantemente dándome su apoyo, ayuda emocional y el respaldo espiritual con sus oraciones. Le imploraba a Dios la fortaleza y el consuelo que sólo Él podía darme para salir adelante y poder darle a mi familia el amor y el apoyo que todos necesitábamos.

Continué creciendo en mi confianza y relación con Dios y, una de las estudiantes que había tenido en mi último curso en GIA, Jenine M. Lepera, me llamó para que nos viéramos en NY para hablar de una propuesta. Durante nuestra cita, la conversación se centró en mi calidad como profesora, mi experiencia en diseño de joyas y conocimiento en la joyería, mientras que la suya era su práctica y experiencia en negocios. Decidimos iniciar un proyecto para montar un Instituto de Diseño de Joyas.

El proyecto se hizo realidad y abrimos un instituto que registramos con el nombre de "New York Jewelry Design Institute, LLC." Empezamos rentando un espacio cómodo en un buen edificio donde teníamos nuestra oficina y un amplio salón de conferencias. Compramos un proyector similar al que usaba en GIA cuando Janine era una de mis estudiantes. No teníamos que comprar muchos implementos porque un compañero me había regalado muchísimo material para los estudiantes. Jenine manejaría lo digital y redes sociales. La compañía quedó registrada legalmente y colocamos nuestra inversión en una cuenta bancaria a nombre de las dos. Nos aprobaron una tarjeta de crédito, lo cual nos permitiría ir adquiriendo lo que la práctica exigiera.

Jenine vivía en un precioso apartamento en Manhattan y recién había comprado una casa en la playa en Long Island, donde en varias ocasiones trabajamos creando y perfeccionando nuestro proyecto. Me dedicaba a editar nuestro propio libro y manual de instrucciones, combinando mis conocimientos de FIT y GIA, y tomando fotos para editar nuestro libro con imágenes reales.

A pesar del compromiso y entusiasmo mutuo en nuestro proyecto, Janine tenía un carácter muy fuerte y una manera muy ruda de tratar a las personas, y bastante descortés al exigir que se hicieran las cosas. Incluso en mi presencia tuvo una fuerte discusión con su esposo que fue incómoda para mí, y se lo manifesté. Ella simplemente me pidió que no me preocupara, que era totalmente normal ese trato entre ellos. Desafortunadamente, su agresividad ocasionó serias dudas en mí.

Nuestro primer año de trabajo coincidió con las obligaciones del reporte de impuestos y el desafortunado fallecimiento de la suegra de Janine, lo que la obligó a desplazarse a otro estado por un par de días. Uno de nuestros compromisos era depositar cada una US

$1000 en nuestra cuenta de negocios para cumplir con los pagos del Contador y otros gastos.

Hice mi depósito correspondiente, pero empecé a recibir mensajes de Janine aduciendo que en la aplicación no se veía la consignación del dinero y necesitaba la confirmación del ingreso. Me suscitó curiosidad su insistencia, a pesar de estar asistiendo a un funeral, y me dirigí al banco con mi tarjeta en mano para indagar qué pasaba. La sorpresa no me la hubiera imaginado.

Al hacer la consulta en el cajero, el depósito de Janine no aparecía en la cuenta y ella aseguraba haberlo hecho. Pero como ella insistía que mi depósito tampoco se veía, pedí hablar con un agente para que me ayudara porque no veía reflejado en mi cuenta de negocio el balance esperado. El agente revisó y me dijo que no había evidencia de la transferencia por la suma que yo afirmaba que mi socia había depositado el día anterior. Me preguntó si quería ver el estado de cuenta de nuestra línea de crédito. Respondí que no era necesario porque aún no habíamos usado ese crédito. El agente me respondió que estaba equivocada porque aparecían dos transacciones grandes: una de una tienda muy costosa de diseñadores de NY, Neiman Marcus, de $7500 por la compra de una cartera y de $10,000 por una máquina de joyería para grabar.

¡No podía creer esto! Mi socia nunca me había informado de estas compras y, por consiguiente, no estaba al tanto de estas transacciones. Me puse nerviosa y temblaba de la rabia. El agente me dijo que no me preocupara, que si ella había obrado erróneamente sin mi consentimiento yo podía cancelar mi cuenta en el momento y retirar mi dinero depositado. Además, que la cantidad de $17,500 quedaba bajo responsabilidad de ella solamente porque la cuenta se había abierto usando el número de seguridad social de Janine. Así lo hice: saqué mi dinero, cancelé la cuenta y, apenas me subí al carro, empezó a llamarme insistentemente como una loca. No le contesté ninguna llamada; me dejó mensajes de voz desagradables que igualmente no respondí.

El lunes temprano fui a nuestro estudio para retirar mis cosas, pero ella se había adelantado, cambiando su vuelo y llevándose todo el material que yo tenía adelantado de nuestro libro y el monitor que habíamos comprado entre las dos. Era astuta y sabía algo de leyes de negocios, porque esa era su profesión antes de ser Diseñadora de Joyas; me había hecho firmar un documento en caso de querer disolver la sociedad, usando términos legales que yo no manejaba.

Después de insistir en que nos viéramos en persona y habláramos, me pedía que recapacitara, que hubiera usado nuestro crédito como una forma de estrategia de buen uso crediticio y que eso nos favoreciera para aumentar la línea de crédito. Quizá tenía razón, pero no me había consultado y los gastos también eran personales; había perdido toda confianza en ella.

Se disculpó y me propuso continuar como profesora empleada del Instituto, pero desistí. No quería tener ninguna relación con ella. Se disgustó, planteó su decisión de no renunciar al proyecto y de no permitir disolver el nombre comercial. Cada una buscó su abogado; lo importante era deshacer el contrato y que mi récord y nombre no quedarán afectados. Posteriormente, debió devolver mis trabajos, aunque se quedó con algunos, y entregar el proyector para venderlo en eBay y repartir lo obtenido por esa venta.

Fue una triste experiencia y un duro golpe cuando apenas me estaba reponiendo de mi depresión. Siento que ella se aprovechó de esa circunstancia. Pero como todo en la vida son lecciones, aprendí lo que siempre escuché de mis padres: las sociedades son complicadas y casi siempre terminan mal, aún con miembros de la propia familia.

Hasta el día de hoy, Janine continúa con el Instituto después de 12 años y varios profesores trabajan para ella. En sus discursos falta a la verdad sobre el origen y la historia de su entidad, se hace pasar como Gemóloga y aún usa imágenes de mis propios diseños y fotografías en las que se ven mis manos.

Son memorias que duelen, pero le doy infinitas gracias a Dios y sólo a Dios, porque a través de esa experiencia tomé la decisión de asumir la principal responsabilidad de mi vida, enfrentando pruebas y yo de su mano. Mis padres me aconsejaron nunca más hacer una sociedad y enfocarme en mis talentos y dones que me llevarían alto, y siempre me decían que tratara de ser independiente como ellos lo habían sido siempre.

Sacudí mis lágrimas y enfrenté mi depresión. Le oré a Dios y pedí su guía. Muy claramente, las cosas se decidían a mi favor y ese sueño de carrera exitosa cambió por el momento. Debía retomar mi papel de madre y esposa, ocuparme de mis hijos y de mi esposo porque la pérdida de Ryan nos afectaba muy profundamente a todos y debíamos apoyarnos los unos a los otros en este difícil momento. Estar cerca de ellos fue mi decisión.

Empecé a averiguar cómo involucrarme con las escuelas. Iba todos los días para conocer a los profesores e indagar sobre el rendimiento de mis hijos.

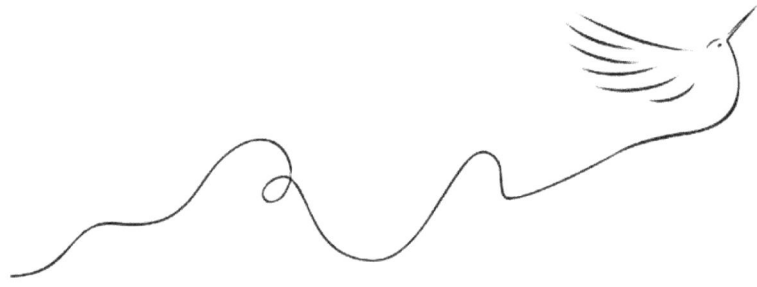

Melanie

Melanie tenía 16 años, era muy responsable con sus obligaciones y mantenía buenas calificaciones. Durante este año de la pérdida de Ryan, inició una relación con un chico que se mostraba un "superhéroe", la manipulaba y la hacía sentir mal. Poco a poco, empecé a observar poco lo tóxica de esta situación y cómo se apegaba a él.

Ahora entiendo por qué, cuando los seres humanos pasamos por situaciones traumáticas, la oportunidad de sentir algún otro tipo de emoción, positiva o negativa, nos hace aferrarnos a cualquier sentimiento para enmascarar nuestro dolor. Mi niña se aferraba a esa relación nociva para ella e inadecuada para superar el dolor y la ausencia de un hermano con el cual tenía una relación muy cercana y bonita. Iniciaba su adolescencia y buscaba suplir su etapa con lo que sentía, y yo no había estado a su lado para educarla y ayudarla a ser más segura de sí misma.

Melanie tiene unos dones y talentos únicos y quería verla usarlos con más conciencia. Tiene una voz angelical para cantar, un corazón y un carisma hermosos. Es demasiado honesta y valora el cariño y la amistad. Quisiera que algún día venciera su miedo al público y se expusiera a cantar. En dos ocasiones logramos deleitarnos con su voz en público. Su maestro del coro de high school le rogó interpretar un solo en el auditorio. Fue espectacular, sin quererlo, la posteamos en YouTube.

Jacobo

Jacobo tenía 11 años y pasaba por su propio dolor y frustración, la cual se acrecentaba porque sus compañeros le hacían "bullying" porque no participaba en ningún deporte. Era muy activo y saltaba mucho en el "Pogo Stick" y le gustaban los juegos que la mayoría de sus compañeros no jugaban.

Jacobo tenía estilo artístico y, para ese entonces, disfrutaba dibujar. Se vestía muy auténtico diferente a sus compañeros. Siempre que salíamos, le compraba lo que quería usar para imponer su estilo. Le encantaba cambiar su cabello constantemente. Una vez quiso tener rayitos y yo lo apoyé, llevándolo a un salón para que se los hicieran. Recuerdo que Ryan estaba en ese momento en el Army y, cuando vio una foto de Jacobo, se enojó muchísimo, me regañó por haber permitido ese cambio. Jacono era demasiado apegado a mí, y me exigía que estuviéramos juntos todo el tiempo. Si por algún motivo yo salía de casa sin decirle, me llamaba insistentemente reclamando porque no lo había llevado conmigo. Yo disfrutaba mucho de nuestra relación.

La verdad, sólo pensaba en complacer a mis hijos en sus deseos porque internamente era una manera de compensar mi ausencia. Jacobo quería ser auténtico en todo. Se relacionaba con un grupo pequeño y limitado de amiguitos. Empezó a involucrarse y hacer cosas que le restaban su interés con las labores de la escuela, entonces me dediqué a revisar todos los días su agenda y tareas. Lo sorprendente era lo inteligente que era y con la facilidad con que aprendía; simplemente había perdido su interés en el estudio.

Asistimos a terapia como familia, pero considero que debían también enfocarse hacía los individuos y los anhelos que, en el momento de dolor, frustran sus talentos. A Melanie y a Jacobo no les gustaba ir a esas sesiones, pero Irvin y yo les insistimos y los hicimos ir con nosotros.

Me registré en las escuelas del pueblo y en el high school como profesora sustituta para cubrir a cualquier profesor ausente y seguir la agenda que ellos me dieran, con el fin de estar cerca de ellos y conocer más sus profesores y compañeros. Fue bueno estar más cerca de ellos y tomar mi rol como madre en ese tiempo. La experiencia me permitió darme cuenta de los bajos ingresos de los profesores y la exigua opción de obtener un salario. Entonces, tomé la decisión de ir a la universidad local en las noches y sacar un título de Profesora de Español para estar en las escuelas con mis hijos y, de paso obtener un salario.

Me matriculé en Fairleigh Dickinson University como estudiante nocturno de tiempo completo para hacer una licenciatura y obtener el título de Profesora de Español. Durante el día, continué como profesora sustituta en las escuelas que me llamaban.

Melanie se graduó de high school y se inscribió en el BCC Bergen Community College en el 2018, cuando Jacobo ya estaba en high school. Me esforzaba por atender las llamadas que me necesitaban en el high school para seguir de cerca a Jacobo; me convertí en su sombra. Él sentía que lo perseguía todo el tiempo, no me importaba. Mi misión era retomar mi labor de madre y estar cerca de mis hijos para conocerlos y darles el amor que necesitaban. Ahora, aunque él disfrutaba buscarme entre los salones y pasar algún tiempo conmigo y sus amigos, también le molestaba que estuviera tan pendiente de él cuanto ya quería estar disfrutando de su adolescencia.

Lagrimas desde lo alto
6 de Marzo del 2015

Fue un día trágico y doloroso para mí. Me llamaron para cubrir a un profesor por dos días en la Escuela Media. Estuve con estudiantes de quinto grado y observé cómo los niños desde muy temprana edad, son abusadores y también víctimas de "bullying". En el salón había un estudiante ruso muy sobresaliente por su personalidad e interés en las matemáticas, su nombre era Vladimir, de 11 años de edad, quien mostraba su interés de participar saliendo al tablero a resolver algunas operaciones matemáticas. Había llegado de Moscú hacía apenas un año y notaba como los compañeros se reían de su acento. Tomé control de la situación y logré que lo dejaran tranquilo.

Al día siguiente, al mediodía, llegaba una madre asistente para cuidar de los estudiantes mientras comían su almuerzo en el salón y los profesores sustitutos salíamos una hora para ir a almorzar. Cuando me dirigía a mi auto en el estacionamiento, paré unos minutos para saludar a una colega. Mientras hablábamos, ella se distraía mirando hacia la parte de atrás del edificio de la escuela Grand School. Curiosa le pregunté qué pasaba y me respondió que acababa de ver que un grupo de estudiantes desde el segundo piso arrojaron algo grande por la ventana. Era invierno y había bastante nieve acumulada en varias áreas del campus. Al notar que era precisamente del salón de quinto grado donde yo estaba asistiendo ese día, me quise acercar para ver de qué se trataba; quizá había sido un maletín.

¡Quise morir! Cuando llegué al lugar no podía con mi ser al ver que era un niño el que se había lanzado desde el segundo piso. ¡Dios mío! Me paralicé. Su cuerpo se sacudía, convulsionaba. Al acercarnos mi colega volteó su cuerpo y ¡era Vladimir! Empecé a gritar pidiendo auxilio, corrí a tocar la puerta principal para avisar de esta tragedia y para que llamaran al 911 de inmediato, mientras mi compañera sostenía el cuerpo del niño; su cara sangraba profusamente y tenía reventada la boca. Después de avisar en la puerta principal, regresé al lugar de la escena. No podía mantenerme serena, mi PTSD se activó y me desmayé. Llegaron los paramédicos y las ambulancias y nos desplazaron al hospital.

Cuando recobré el sentido y pregunté por el niño, me informaron que lo habían trasladado a otro hospital de casos críticos. A las pocas horas avisaron que Vladimir había fallecido. En uno de sus bolsillos tenía una nota que decía "Fuck the school, I'm dead" (que se joda la escuela, estoy muerto). La tragedia era impresionante, algo sin precedente y nos enfrentaba a la dura realidad del mundo en el cual vivimos. Todos somos víctimas de dolores y frustraciones, y absolutamente todos, en nuestro propio y único sentir personal significamos, deseamos ser visibles a los demás.

Cada ser humano pasa por circunstancias diferentes en la vida; necesitamos ser escuchados y atendidos. El niño estaba sufriendo mucho y la presión de sus compañeros lo llevó a tomar la decisión que terminó con su vida. Este trágico evento, desde un punto de vista muy personal, no fue manejado correctamente por las políticas del sistema de educación de este país. Consideré que el hecho de haber sido la primera persona en atender el cuerpo de Vladimir me hacía la persona idónea para hablar con sus padres y compartir con ellos algo de lo que pude conocer y vivir con el niño desde el día anterior y hasta el momento de la tragedia.

La escuela no me permitió saber quiénes eran los padres y se hizo un manejo oculto de la situación. No supimos del funeral ni se hizo pública ninguna información para acompañar a la familia en su tragedia. Son políticas que nos desconectan de los sentimientos y emociones, lo más valioso que poseemos como seres humanos para solidarizarnos y poder ayudarnos en duras pruebas y etapas de nuestra vida. Tristemente, nunca logré el contacto con la familia; seguramente les hubiera gustado saber de los últimos minutos de conciencia de Vladimir mientras estaba vivo.

Acudí a unas terapias que me ayudaron a continuar adelante con mi misión de madre y a restaurar y afirmar que, a pesar de todas estas trágicas pruebas, sé que Dios me fortalece porque tengo un gran propósito en este mundo y que cada dolor forma y fortalece el carácter y potencial que hay en mí y en cada uno de nosotros a través de nuestras vivencias. Todo minuto cuenta en el testimonio de nuestras vidas y la transición que hagamos será parte del legado que pasemos a nuestras generaciones. Recibí el inmenso apoyo de mi familia en estos días de terapia, estudio y trabajo; sentía que poco a poco iba superando estas pruebas.

Dios Me Usa Como Un Instrumento En Esta Vivencia.

Mi confianza en Dios crecía cada vez más y mi relación con Él le brindaba una paz infinita a mi vida en medio de mis tristezas. Continúe cultivando mi amistad con Reyna Girón y su esposo Héctor mis mentores, quienes se habían convertido en un apoyo espiritual incondicional desde el tiempo en que Dios volvió a llamarme a conocer de él.

Reyna asistía a un evento de celebración judía en la casa de la familia para la que trabajaba. Mientras llevaba una gran bandeja en las manos, perdió la fuerza y le sobrevino una parálisis en un lado de su cuerpo. La llevaron de urgencia al hospital, pero los médicos que la atendieron no lograron determinar la gravedad del evento. Después del examen físico y de recetarle algún medicamento, la enviaron de nuevo a su casa. Más tarde, los síntomas se presentaron agudos y su esposo Héctor, tuvo que llamar a la ambulancia.

Debido a la severidad de los síntomas, le realizaron varios exámenes y el diagnóstico fue que un tumor cerebral era la causa de la parálisis de su cuerpo y le había afectado también el habla. De inmediato, la trasladaron a una clínica más especializada y le programaron fecha para la intervención quirúrgica. Fui a visitarla un par de días antes de su cirugía y mi corazón se entristeció al verla en su condición. Manejé a casa muy triste y clamaba a Dios por un milagro para su salud. Mi rutina de adoración fortalecía mi relación con Dios cada vez más. Había días durante los cuales me despertaba a altas horas de la madrugada, sentía su llamado y me postraba de rodillas a orar. Lo hacía dentro de mi clóset o encerrada en el baño.

Recuerdo que esa madrugada desperté a las 3:40 a.m. sintiendo una necesidad infinita de hablar con Él. Fui a orar al baño, me sentía conectada con la presencia del Espíritu Santo. Le clamaba a Dios profundamente por Reyna y un milagro para ella, mi hermana en Cristo. Le suplicaba que interviniera en su vida en esta prueba y le restaurara la salud con sus manos poderosas, sanadoras y milagrosas. En medio de mi oración, usaba mis manos y me imaginaba sobando la cabeza de Reyna mientras oraba por un milagro con muchísima confianza. Pasé un buen tiempo de oración, súplica e intervención ante Dios por ella. Cuando sentí paz en mi corazón, me levanté y regresé a la cama para continuar durmiendo. Me acosté, pero sentía como si Dios le hablaba a mi corazón y me insistía en que me levantara de nuevo, tomará mi teléfono y le escribiera a Reyna un mensaje.

Me rehusaba a hacerlo por la hora y también porque sabía que ella no lo leería dadas las condiciones en las que estaba. Jennifer, su hija, se había quedado en la clínica esa noche cuidando a su madre. Continuaba tratando de dormir, pero el espíritu santo seguía inquietando mi corazón para tomar el teléfono y escribirle el mensaje a Reyna. Así que me incorporé sin saber qué escribiría, y de mi corazón surgieron estas palabras:

"Mi Reyna hermosa, que esta mañana el señor te cubra con toda su valiosa sangre y que su obra maravillosa en tu vida sea nuestra palpable muestra de sus milagros. Jesús te levanta en esta mañana rejuvenecida como el águila. Te mando el Salmo 103. Te quiero muchísimo y te necesito porque eres esa guerrera que me da ánimo y ejemplo. Eres una escogida para la obra en que nuestro Señor se glorificará. Recibe todas las bendiciones hoy día."

Tal vez ese mensaje, que aún conservo en mis notas del teléfono, lo salve porque hoy veo cómo todo es perfecto y cómo llegaría el momento de plasmarlo en este testimonio.

Luego de enviar el mensaje de texto, pensé que podría dormir tranquila, pero ahora Dios continuaba diciéndome que le mandara el mismo mensaje a Héctor. Empecé a analizar esa inquietud y no me decidía, pero nada me daba calma y descanso. Así que decidí enviarle la copia a Héctor como lo quería Dios. Pude entonces conciliar mi sueño y descansar.

Para mi sorpresa y con sobresalto, a la mañana siguiente, como a eso de las 8:30 a.m., recibí una llamada de Héctor con noticias sobre la cirugía de Reyna para la intervención del tumor. Me preguntó si tenía disponibilidad de ir a la clínica. Pregunté cómo se sentía Reyna y él me respondió que por favor fuera y que allá hablábamos. Me alisté y salí rápido hacia la clínica y, mientras manejaba, oraba mucho pidiendo que Reyna estuviera bien.

Cuando llegué a la clínica, no podía creer cómo ella me miraba y, con una hermosa sonrisa me decía: ¡Gracias! No entendía qué pasaba. Héctor me empezó a contar que Reyna había pasado una noche conmovedora, con un dolor insoportable y sin querer despertar a Jennifer. Le clamaba a Dios que se la llevara porque se sentía incapaz de soportarlo. Con lágrimas, le imploraba que hiciera su voluntad, que si tendría que soportar este tormento y dolor, mejor se la llevara. Le narró también que, en esa angustia y dolor, sintió cómo unas manos suaves empezaron acariciar su frente y, de repente, el dolor empezó a disminuir hasta tranquilizarla y cómo logró conciliar el sueño y descansar.

A las 6:00 a.m. la despertaron para alistarla para su cirugía. Amaneció sin dolor y pudo comunicarse con Jennifer, a quien le dio las gracias por haber acariciado su frente y calmar su dolor. Ella se sorprendió mucho y le dijo que en ningún momento lo había hecho. Reyna le pidió que preguntaran en enfermería quién había entrado a la habitación en la madrugada y la había ayudado. Jennifer salió a preguntar y ninguna de las enfermeras aceptó haberlo hecho.

Se llevaron a Reyna para hacerle un CT Scan antes de la cirugía y, como un milagro, encontraron que no había ningún tumor en su cerebro. Nadie se explicaba qué había pasado. Cuando la devolvieron al cuarto, Jennifer le dijo que yo había enviado un mensaje a su teléfono en la madrugada y que Héctor había recibido copia del mismo mensaje.

Pudimos darnos cuenta del poder de la oración y ser testigo de los milagros que Dios concede cuando es su voluntad, y cómo cualquiera de nosotros puede ser utilizado como instrumentos para llevar bendiciones a otros en momentos de angustia y de la manera como Él lo decide. Lloramos de agradecimiento y felicidad. Jamás en mi vida pensé que Dios hiciera cosas tan sorprendentes como usar a una persona como yo para sentir y vivir su poder, amor y misericordia. Toda la gloria sea para Él y sólo Él. Gracias Dios fiel, amado Padre Celestial.

Reyna salió con su milagro victoriosa y caminando de la clínica; nadie lograba entenderlo, pero para Dios todo es posible si es su voluntad. La iglesia entera pudo ser testigo de este milagro cuando ella llegó caminando y, llena de gratitud, ofreció su testimonio.

De acuerdo con mis planes, me graduaría en mi maestría en mayo del 2016; estaba muy animada estudiando. Terminando el 2015, quería que estuviéramos muy unidos para la temporada de Navidad que se acercaba. Mi madre disfrutaba de mi ánimo para decorar la casa y hacer adornos originales. Decidí que haría los adornos del árbol utilizando unas bolas grandes de plástico transparente a las que les introduje diferentes clases de pájaros plásticos en muchos colores, musgo natural, tronquitos pequeños de madera que le había pedido a mi padre que los cortara todos del mismo tamaño y unos pequeños adornos de mariposas y abejas que pegué en el exterior de las bolas. Cada una era diferente y sorprendía a mi madre cuando llegaba tarde a casa después del trabajo. Siempre venía a saludarme en mi oficina y se alegraba de ver que cada día la casa estaba más adornada e iluminada. Mis noches se iban hasta altas horas de la madrugada haciendo decoraciones y estudiando para los exámenes de final de semestre.

Disfrutaba de esas conversaciones con mi madre tarde en la noche cuando llegaba del trabajo. Mi padre siempre la esperaba y la acosaba para que bajara rápido a dormir en su habitación; también estaba muy triste y estresada esos días. Mis padres habían estado en Colombia en el mes de Octubre y, mientras estuvieron allá, mi madre compartió y disfrutó al máximo la compañía de mi preciosa abuela Sarita y sus hermanas. Mi padre centraba su interés y prioridades en hacer ejercicio y montar bicicleta con sus amigos, y mi madre debía rogarle para que hicieran paseos para disfrutar al máximo de lindos momentos familiares, pero mi padre hacía diferente sus planes.

Antes de regresar, mi madre lo invitó a que hicieran un paseo con la abuela para llevarla a Salento, un hermoso lugar en el Eje Cafetero donde se disfruta de preciosos paisajes y la gastronomía es la más deliciosa de nuestra tierra. Mi padre se enojó y, como solía ocurrir, le contestó de manera irracional y ofensiva. Como siempre diría mi madre: "su papá habla sin permiso de la cabeza, ofende muchísimo y luego es como si nada hubiera dicho."

La acusaba de querer salir siempre a comer pero de no hacer nada por su salud, los planes eran para continuar engordando. Despectivamente le decía si no se había mirado en un espejo para ver cómo andaba de gorda. A ella le dolió muchísimo, no porque fuese la primera vez que él la hiciera sentir mal psicológicamente, sino porque lo había hecho frente de mi abuela y de mi hermana Cecilia. Simplemente dio la vuelta y se fue con sus amigos sin importarle cómo quedó de dolida mi hermosa madre. Mi hermana me comentó lo afectada que quedó mi madre, lloró mucho y estuvo tan angustiada que cree que se le subió la presión del dolor emocional que sentía. Eso desató muchísima angustia en mi madre y a su regreso de Colombia llegó con un dolor y una angustia que reflejaba su actitud todo el tiempo, y me dolió muchísimo verla así.

Le aconsejé que no podía permitir más este tipo de maltrato, que ella valía demasiado y no debía continuar sintiéndose así, que dejara de consentirlo y atenderlo tanto y con tan exagerado amor, que dejara de llamarlo todo el día para preguntarle si tenía algún antojo, traerlo o venir cansada desde lejos solo a servirle la comida cuando no era un niño y debía atenderse por sí mismo. Él tenía que aprender a valorarla y respetarla. A ella le daba miedo hablarle y hacerle saber cómo se sentía, pero empezó a tener cambios drásticos con él. Mi padre empezó a notar el cambio y comenzó a reaccionar con atención y detalles y tratándola muy bien ¡Hasta le llevaba el desayuno a la cama y la mimaba! Ella aceptaba los detalles, pero aún se notaba el dolor y la tristeza profunda que la acogían.

El 3 de noviembre cumplirían 50 años de casados. Llamé a mi hermana Cecilia para invitarla a que viniera a NJ y organizarles algo especial para su aniversario. Mi madre me escuchó y, disgustada, me dijo: "No quiero ninguna clase de celebración de aniversario, no se tome el tiempo planeando nada, aún estoy demasiado dolida con su papá y no me provoca nada." Cecilia sabía cómo se estaba sintiendo doña Marinita, como cariñosamente la llamaba.

Antes del aniversario, Cecilia viajó y vino a casa con Jorge, su novio, un cubano, excelente persona y a quien nos agradó muchísimo conocer. Mi madre estaba feliz con la visita. Respetando su decisión, lo único que hicimos para el aniversario fue llevarlos a cenar a "Cheesecake Factory" porque a ella le encantaban las ensaladas y a mi padre le gustaba la comida de ese lugar. Mi madre estaba tan seria que se notaba que no quería estar allí, pero cenamos rico y pasamos un buen momento. Así continuamos por varios días.

Caída del más fuerte pilar de mi vida
Diciembre del 2015

Para esta fecha ya había terminado las decoraciones y la casa estaba preciosa. Mi madre sonreía y me llenaba de cumplidos, me decía que me admiraba por ser tan comprometida y disciplinada con lo que quería lograr, y se sentía orgullosa del próximo título que obtendría.

Hacia las tres de la tarde, cuando regresó a casa, almorzó lo que le había preparado y después se sentó en la sala. Mientras yo arreglaba la cocina, llamó a mi tía Leticia, una de sus hermanas, para comentarle que le acababan de consignar un dinero para que se comprara una nueva sala para estrenarla en Navidad, ahora que había hecho unas reparaciones en la casa. Las dos lloraban, mi tía Leticia de alegría y mi madre de la felicidad de haber podido hacerle ese regalo a su hermanita. Después llamó a Martha, otra de mis tías, para avisarle que le había consignado un dinero para que celebraran preparando esos tamales espectaculares que le encantaban a la abuela y estuvieran todas las hermanitas juntas. Mi tía se quejaba del exceso de dinero que había enviado y con tanta anticipación. Ella le contestó que era mejor planear todo bien.

Cuando colgó, fue a la cocina y me dijo: "Quiero que lleves a mi perrito Arie para que lo bañen y corten el pelo y lo dejen bien lindo". Me quejé de qué no iba a gastar dinero en eso cuando yo personalmente lo hacía siempre. Insistió en que quería que alguien profesional lo hiciera porque el proceso tomaba mínimo dos horas y me dejaba extenuada. "Quiero ese regalo de Navidad para mi perrito". Después añadió: "¡Ah! Y este año usted no va a cocinar la cena de Navidad." "¿Cómo así, por qué no?" pregunté intrigada. Me respondió que había hablado con un chef cliente y amigo, quien nos prepararía la cena y ya había escogido el menú y el postre, ¡Y todo estaba pago! ¡Wow! Me abrazó y metió algo en mi bolsillo. Me sequé las manos y miré: era el dinero para el perro y una bolsita con un regalo.

Siempre me había escuchado decir que quería una cadena bien delgada en oro blanco, con una pequeña cruz de diamantes en oro blanco, pero como a mi padre ya casi no le gustaba hacer cosas tan delicaditas, la había comprado. Ese era el regalo en la bolsita que me estaba entregando: una preciosa cadena y una hermosa pequeña cruz de diamantes en oro blanco. Me brotaron las lágrimas y le expresé lo espectacular y bello del regalo, pero ¿por qué me lo entregaba ese día y no en Navidad? Su intención era que la luciera ese día. Entonces me la puso y yo quedé feliz. Luego me dijo que iría donde una clienta a venderle unos regalos para la Navidad y que regresaría temprano. Le advertí que las temperaturas estaban muy bajas, había nieve y la gente estaba manejando como loca en las calles haciendo las compras. Me repitió que llegaría temprano.

Como a las 6:00 p.m. timbraron en la puerta. Cuando abrí, era un policía preguntando si era la casa donde vivía la señora Marina Guzmán, le respondí que sí. El oficial me preguntó quién era yo, le respondí que su hija. Me dijo: "Lo siento mucho, pero alguien encontró a su madre en un estacionamiento afuera de un cajero automático tirada en el suelo al lado del carro. La persona abrió su bolso, encontró su nombre y llamó al 911. Llegaron los paramédicos y la trasladaron inconsciente al hospital de Englewood".

¡Me rehusaba a creerlo! ¡Dios mío, no quería oírlo! Qué noticia tan terrible. Me quedé en shock por un momento y después empecé a gritar llamando a mi padre. El impacto para él fue inmenso, pero reaccionó mejor. Me pidió irme al hospital, él llamaría a Irvin para ir a recoger el carro de mi madre y reunirnos en el hospital. Así lo hice y cuando llegué al hospital le estaban haciendo una tomografía computarizada CT Scan que mostraba un derrame cerebral masivo.

Cómo era sábado en la noche y se acercaba la Navidad, no había especialistas en el hospital en ese momento. Las enfermeras me preguntaban insistentemente qué tipo de seguro de salud tenía mi madre. Yo no entendía nada sobre qué clase de seguro, pero sabía que mis padres tenían Medicare y Medicaid. Más tarde, una enfermera me sugirió que diera la autorización para trasladar a mi madre a un hospital donde había especialistas en Neurología. Firmé la autorización y me fui en la ambulancia con mi mamá hacia el hospital de Hackensack, NJ.

Eran como las 8:00 p.m. Irvin y mi padre llegaron y, mientras esperábamos el reporte, nos angustiaba saber que mi madre continuaba inconsciente.

Le hicieron otro CT Scan para compararlo con el anterior y notaron lo severo que era el derrame.

Desafortunadamente, tampoco había ningún neurólogo a esa hora en este hospital. Simplemente le suministraban oxígeno y suero, y nos informaron que temprano en la mañana vendría el especialista y él daría las indicaciones a seguir.

La angustia no me cabía en el pecho, no me separaba ni un instante de mi madre. Pasé toda la noche sentada a su lado, sosteniendo su mano y hablándole. En momentos, apretaba suavemente mi mano, pero no mostraba otro signo o reacción. Cuando llegó el neurocirujano en la mañana ordenó una cirugía de urgencia e intervino. La cirugía duró seis horas, desde las 9:00 a.m. hasta 3:00 p.m., en ese lapso de tiempo mi hermana se movilizó lo más pronto posible desde Miami y le avisamos a mi hermano de todo lo que estaba sucediendo.

El cirujano nos informó que había tratado de drenar lo más posible la cantidad de sangre producida por el derrame para tratar de reparar los daños, pero que infortunadamente el derrame era masivo. Nos dijo que prefería que ella descansará el resto del día y al día siguiente intentaría drenar de nuevo y suturar lo posible. Me advirtió que debía ser honesto y dejarme saber que cuando se presentaba una hemorragia o derrame de ese nivel, los daños cerebrales eran muy severos, y que debía prepararme para saber que si mi madre sobrevivía, no volvería a ser la misma. Tendría muchas limitaciones en el habla, la movilidad y efectos cognitivos.

Impactante escuchar esa noticia y muy preocupante el diagnóstico. Me sentía muy afectada emocionalmente y porque debía esforzarme en mantenerme enfocada, en prestar atención a cada detalle informado para traducirles a mi padre y a mi hermana lo que estaba pasando. Irvin estaba siempre a mi lado dándome ese tipo de ayuda espiritual y apoyo emocional tan necesario.

No pasó ni media hora después de esta primera intervención cuando los equipos médicos empezaron a mandar señales de emergencia. Sacaron a mi madre de la habitación para hacerle otro CT Scan y el reporte fue que el cerebro había colapsado, se había extendido, le dictaminaron muerte cerebral. ¡Dios mío, por qué esta tragedia, qué dolor, qué angustia, qué impotencia! Desesperación y silencio. El mundo y el sentido de existencia se suspenden y paralizan. Quedé en ese estado de aturdimiento en el que crees que estás viviendo una pesadilla y despertarás en un instante, clamando otra realidad.

Esta situación fue transferida a la entidad que tramita la donación de órganos, la cual fue informada del estado del derrame de mi madre. El hospital y esta entidad se encargan de tramitar las conexiones entre donantes y pacientes en lista de espera. Es impresionante la presión que ejercen cuando saben que un paciente está en condiciones críticas y con mayor celeridad cuando el paciente tiene marcado en su licencia de conducir que es Donante de Órganos. Tienen experiencia y táctica para manejar este tipo de situaciones y envían personas para que con mucha sutileza se comuniquen con la familia y hagan énfasis en el deterioro y daños del paciente y los beneficios de la donación para pacientes con vitalidad y necesidad de un órgano para continuar con sus vidas. Son momentos de vida y muerte, ambas partes en estado crítico y las dos familias pasando por dolores y emociones profundos. Mi padre tenía una opinión muy decisiva en qué hacer al respecto. Manifestó que él y mi madre habían tenido la oportunidad de hablar sobre el tema y que ambos estaban de acuerdo en que donarían los órganos que pudieran en caso de morir.

Después de todo el proceso de donación de órganos, debía hacerse mientras el corazón estaba latente. Iniciaron el proceso de remover sus órganos, y para nosotros aceptar esta inaceptable y triste realidad. Autorizamos que desconectaran a mi madre el lunes 21 de diciembre. Le hicimos un bonito servicio funeral y después fue cremada, como ella y mi padre decidieron que fuera este momento. Estuvimos acompañados por muchas amistades y clientes de mis padres. Arrojamos las cenizas de mi madre al río Hudson donde mis padres solían ir cuando montaban en bicicleta. Siempre se sentaban contemplando la hermosa vista del monte Piermont. Después de la cremación nos desplazamos a este lugar, fue un momento emocional y triste pero lo hicimos especial. Nos acompañaron mis dos primos Freddy y Andrés, quienes siempre quisieron mucho a mis padres, mi sobrina hermosa Laura, quien fue criada por mis padres y estaba demasiada afectada con esta pérdida, mi hermana, Jorge y muchas amistades especiales allegadas.

El dolor es irreparable cuando pasamos por una pérdida, y en condiciones como esta, no existe la diferencia. Mi madre estaba bien de salud en general, aunque emocionalmente estaba sufriendo. Ahora me doy cuenta de cuán importante es nuestra salud emocional.

El jardín que pierde su color
24 de Diciembre 2015

El día de Nochebuena, 24 de diciembre, tres días después del servicio de cremación de nuestra madre, tocaron a la puerta y, al abrir, estaba un señor que se identificó y nos dijo que era Chef. Nos dijo que se había comprometido con mi madre a preparar la cena de Navidad para la familia y que el pago se había hecho con anticipación. Yo había olvidado que ella me lo había advertido. La cena estuvo deliciosa y fue cálido encontrarnos con la presencia de mi hermana y Jorge y mis queridos primos Lina, Andres, Fredy. ¡Qué bonita memoria!, como si nuestra madre hubiera preparado todo y planeado su partida queriendo que estuviéramos celebrando juntos.

Siempre conté con el apoyo emocional de mi querida amiga Paula Chalarca, preciosa amiga que ha estado haciendo parte de mi vida durante muchos años. Hemos compartido situaciones y experiencias difíciles en las que nos hemos respaldado siempre. Nuestros hijos estudiaron juntos durante su educación media y parte de su bachillerato, y fue a través de ellos que nuestra amistad fue creciendo y compartimos todo en familia. Agradezco el apoyo de estar más unidas durante este tiempo, cuando Nickolas, su hijo, también era un apoyo emocional para Jacobo. Contar con la presencia de esta amiga, me hizo mucho bien durante esta dura época.

Debía continuar adelante con la vida y tratar de adaptarme a vivir con esta triste pérdida que se sumaba ahora y formaba parte de mi realidad, como lo había sido nuestro hijo Ryan. Traté de enfocar mi mente en el logro que se aproximaba para culminar mi título de grado, acordándome de todos los momentos cuando mi madre me elogiaba y me decía que se quitaba el sombrero ante la dedicación y empeño con que yo hacía las cosas y de cómo me dedicaba en culminar mis metas.

Me gradué el 17 de mayo de 2016 y, desde el momento en que me puse la toga, no paraba de anhelar la presencia física de mi madre durante la ceremonia. Sentía como su espíritu me acompañaba y disfrutaba de ese logro.

Después de mi graduación, su ausencia se me hizo más difícil. Fueron 17 años de vivir con ella y mi padre. También él se veía muy deprimido, angustiado y se sentía demasiado solo. Empezó a manifestar sus deseos de regresar a Colombia y quizá rehacer su vida con alguien que lo acompañara en su vejez. Mi hermano Diego también pasaba por la dolorosa pérdida de nuestra madre; no había logrado que le concedieran un perdón a tiempo para entrar a los Estados Unidos desde España y estar al lado de nuestra madre. Hacía 15 años que no nos veíamos en persona.

Viajamos a Colombia mi padre, mi hermana Cecilia, mi hermano Diego desde España, y yo, para iniciar la sucesión legal de la herencia de mi madre. Estando en Colombia, llamé a mi cuñada Iris para que nos ayudará con todo lo relacionado con los trámites de sucesión y herencia.

Siempre viví impresionada por los dones que poseía mi madre para los negocios y para multiplicar el dinero. La observaba y me daba cuenta de su potencial, la magia que poseía con su carisma y admirable personalidad. Este don que poseía no lo usaba para nada personal; primero pensaba siempre en la familia y en cómo ayudar a los demás. Me sorprendió saber que había dejado cuatro propiedades en Colombia, aparte de las joyas y el dinero.

Nos reunimos con mi cuñada Iris en la casa de Santa Rosa, donde nací y crecí. Ella vino para guiarnos con el proceso de sucesión. Nos informó sobre los bienes, nos preguntó si queríamos que la partición de esos bienes se hiciera según la ley, manejada por porcentajes y tablas de ubicación, o que si preferíamos llegar a un acuerdo mutuo. Mi hermana expresó que le gustaría que la casa que había comprado con mi madre fuera el bien que ella heredara, lo cual nos pareció razonable a todos.

Había un apartamento ubicado en Cali que sabíamos que mi madre le había insistido a mi hermano Diego por mucho tiempo que comprara mientras estaba por fuera de Colombia. Ella le decía que no derrochara el dinero y que, como fuera, enviará la cuota inicial para una inversión que en algún momento necesitaría y le produciría un ingreso. Diego había enviado la cuota inicial de ese apartamento hacía muchos años y mi madre había continuado pagando hasta cancelar su totalidad. Por consiguiente, era más que merecido que lo heredara Diego como la propiedad que mi madre luchó por mantener, y así lo decidimos.

Quedaban dos apartamentos en el mismo edificio donde mi madre había logrado que mi abuela tuviera su propia vivienda. Se decidió que uno de esos apartamentos sería para mi padre y el otro para mí. Estuvimos de acuerdo con lo decidido y quedamos en ir a la notaría para procesar y firmar los documentos.

Nos enteramos de que la casa que mi madre había comprado con mi hermana Cecilia tenía una especie de embargo, puesto a propósito por mi madre para que Cecilia no pudiera hacer uso de ese bien sin su autorización. Esta decisión la tomó al darse cuenta que Cecilia había hecho las escrituras únicamente a su nombre, asunto que la disgustó mucho. Cuando mi madre regresó de Colombia, me contó que había puesto un embargo a la propiedad que había comprado con Cecilia para protegerla en caso de que Cecilia decidiera vender, o para evitar que Julio, la pareja de Cecilia en ese momento, —con demasiados conflictos y antecedentes irregulares—, quisiera ser parte de los bienes de Cecilia.

Las cosas quedaron claras y quedamos de acuerdo en ir a la notaría a firmar los documentos pertinentes para cada uno de los bienes y culminar la sucesión. Acordamos encontrarnos en la notaría con mi cuñada Iris y reunirnos los cuatro para cumplir con lo acordado mutuamente antes de qué todos regresáramos al extranjero.

Esperando en la notaría a la hora acordada, mi hermana Cecilia no llegaba, cosa que nos pareció extraña. Comenzamos a llamarla y no contestaba su celular; esperamos más de una hora y nunca apareció, tampoco nos llamó a ninguno de nosotros. Nos preocupamos y pasaron dos días sin tener ningún resultado para contactarla. No estaba en su casa tampoco, porque fuimos a buscarla y no nos abrió. Las cosas quedaron así porque yo debía regresar a US y mi hermano a España.

Después, un abogado contactó a mi cuñada Iris diciendo que llamaba en representación de la señora Ana Cecilia Suárez, quien lo había contratado para reclamar la herencia que le correspondía, en la cual no se había incluido la propiedad donde todos habíamos vivido. Esta casa no estaba incluida en las sucesión porque esa propiedad había sido un bien que mi padre heredó de su padre y también le compró las partes a sus hermanos. Supuestamente, los 50 años de convivencia de nuestros padres hacían que la propiedad formará parte de los bienes de la herencia de nuestra madre.

Ni Diego ni yo habíamos considerado algo así, pero Cecilia sí. Ahora, le exigí a nuestro padre la parte que, según ella, le correspondía sobre la casa familiar. ¡Qué horrible ser testigos de una cosa tan fea!. Mi padre aún estaba vivo y Cecilia le pedía la parte que le correspondía sobre el porcentaje de convivencia con nuestra madre.

Mi padre estaba pensando en regresar a Colombia, y vivir en su casa. Nunca esperó algo así de alguien a quien siempre quiso y trató como una hija. Era desconcertante y estábamos asombrados. Mi padre se sentía demasiado afectado porque jamás se lo habría imaginado. Tristemente, él accedió a darle a Cecilia la suma de dinero que le correspondía sobre la parte de su casa, equivalente al porcentaje que legalmente le correspondía a nuestra madre, dividido entre los hijos.

Intenté de varias maneras hablar con Cecilia; le dejé varios mensajes en su teléfono, pero nunca me devolvió la llamada. Por esta razón, mis sentimientos hacia ella cambiaron por completo.

Mi padre quedó profundamente dolido, pero siempre tuvo un corazón muy grande y, al cabo de varios meses, olvidó lo que Cecilia le había hecho y continuaron hablando. Ella lo llamaba y le hablaba como si nada hubiese ocurrido. Él me contaba que le contestaba y ya más bien hacía de cuenta que nada había pasado. Me sorprendía que no tuviera resentimiento hacia ella, pero cuánto admiré su noble corazón. Es muy triste sentir cómo pierdes una hermana al darte cuenta de lo que había en su corazón.

Regresé a NJ con un dolor inmenso y una angustia en mi corazón por todo lo triste que estábamos viviendo, pero también fue una alegría compartir con mi hermano Diego después de 15 años sin vernos. Mi padre también regresó conmigo, pero con la convicción de volver a vivir en Santa Rosa y convivir con sus hermanos, con quienes compartió después de mucho tiempo sin verlos ni tener ningún tipo de relación. En especial con mi tía Stella, con la que enfrentó conflictos y no gratos recuerdos de su relación con nuestra madre. Ahora, ella le había presentado a Belén, una de sus amigas.

Mi padre hacía sus planes para regresar a Colombia y enviar todo el equipo de herramientas para montar su taller de joyería en Santa Rosa. Era mucha maquinaria pesada del taller y otras pertenencias, por lo que planeó el envío por barco.

Mi padre estaba en medio de su tristeza, y en varias ocasiones del día lo escuchaba en conversaciones por teléfono con Belén, la amiga que mi tía Stella le había presentado. Para finales de junio, mi padre se regresó a vivir a Colombia, en su casa. Empezó, casi siete meses después del fallecimiento de mi madre, una relación con Belén. Salían a muchos lugares públicos en el pueblo y andaban cogidos de la mano. Él les decía a varias personas que estaba muy contento con su nueva compañía. ¡Que esta sí era!, decía.

Al principio, todo marchaba bien; andaban felices y compartían quedándose en alguno de sus hogares. Al poco tiempo decidieron vivir juntos en el apartamento de Belén. Ella vivía cuidando de su madre, una pobre señora incapacitada, postrada totalmente en una cama. Mi padre ayudaba a Belén con los quehaceres y con los cuidados de su madre, mientras Belén se ocupaba del negocio de ropa que tenía. Mi padre la apoyó para que abriera su almacén y estaba muy contenta porque él la ayudaba con el cuidado de su madre y con todo lo de la casa.

Yo empezaba a sentir más la ausencia de mis padres en casa y la tristeza en mi corazón era más profunda. Pensaba en aplicar para un trabajo local en las escuelas públicas como profesora de español, pero se aproximaba el invierno y las temperaturas cada vez eran más bajas, junto con las fuertes nevadas, lo hacían todo deprimente.

Jacobo se acercaba a los 16 años y atravesaba una etapa difícil de rebeldía que cada vez era más complicada de manejar.

Me encontraba bajo mucho estrés y depresión por el duelo de mi madre. Un día, hablando con unas amigas muy queridas que vivían en North Carolina (Ángela y Patricia Ortiz), me invitaron a visitarlas y quizás considerar iniciar una nueva vida allí. Hablé con Irvin al respecto y me propuso ir a ver qué nos parecía ese estado. Fuimos a visitar a las hermanitas Ortiz; habíamos estado de pasada en varias ocasiones en NC cuando íbamos de vacaciones a Orlando. Casi siempre manejábamos y nos quedábamos en alguna ciudad de paso. En un par de ocasiones nos quedamos en Charlotte con nuestros padres en casa de nuestras amigas, pero nunca habíamos pasado varios días conociendo la ciudad.

Luego viajé sola a Charlotte a casa de Angela, y tanto ella como su hermana Patricia me dedicaron un tiempo muy bonito para conocer más partes importantes y ver las ventajas de vivir en North Carolina. Me gustó muchísimo todo. También tomé el consejo de una amiga, Maribel, con quien he compartido una hermosa amistad de muchos años, una persona muy especial que se había mudado de NJ a Atlanta y me animaba para radicarme allá.

Con Irvin tomamos la decisión de mudarnos, y él propuso que empezara a buscar trabajo en línea para que de esa manera uno de los dos asegurara un empleo y así fuera más fácil ubicarnos.

El colibrí no se rinde y busca otro jardín
Mayo del 2017

Inicié el proceso de buscar trabajo como profesora de español en Atlanta para estar cerca de mi amiga Maribel. Sin embargo, basándome en las horas de investigación que hice por Internet, me di cuenta de que, con mi título, para trabajar en el sistema público de Georgina, debía anexar una cantidad de certificaciones adicionales. Yo no quería estudiar más; solo deseaba mudarme de NJ y empezar a trabajar lo antes posible.

Empecé a ampliar la búsqueda con esa misma información, pero en Carolina del Norte, y me enteré que había una manera de entrar al sistema educativo pública por una ruta alterna, y yo tenía todo lo requerido para hacerlo. Entré a la aplicación de "Indeed" para la búsqueda de trabajo y, en pocos días, vi un correo electrónico de un colegio de NC solicitando una profesora de español. Contacté a la persona del colegio y me citó para una entrevista por video llamada. Me entrevistaron tres personas del colegio Sugarcreek High School (Escuela "charter" semiprivada, no pública) y todo salió bien. Me invitaron a conocer la escuela para que obtuviera un concepto directo y luego se hablaría del contrato de trabajo. Estaba feliz porque sabía que Dios estaba escuchando mis oraciones y me estaba proporcionando esta oportunidad.

Viajé de nuevo a Charlotte, me hospedé en un hotel en el centro de la ciudad y el ambiente era muy bonito. En los alrededores del hotel, sentía como si estuviera en una de las áreas más bonitas y limpias de Manhattan, NY, pero sin la contaminación ambiental.

La visita al colegio fue agradable, un ambiente acogedor. La escuela era pequeña y, por lo que puede apreciar, con una buena organización. Me dieron un recorrido por toda la escuela y me presentaron varios profesores y demás personal antes de hacerme la propuesta de trabajo. Me pareció acogedor y más razonable que el salario que había visto en el Sistema de Educación Pública en Charlotte. Me agradó la propuesta y firmé el contrato. Llamé a Irvin y le conté las buenas noticias: había firmado el contrato y debíamos mudarnos en unos dos meses para iniciar con el año escolar.

Agradecida con Dios una vez más porque se cumplía una profecía que me habían dado en la iglesia donde se congregaban mis amigas. Allí me habían dicho que, en menos de dos meses, estaría viviendo en North Carolina, que Dios me respaldaría en todo y me mostraría, una vez más, cuánto me amaba y me guiaría a conocerlo más. Mis amigas Angela y Patricia me presentaron a Lucy Rojas, una preciosa mujer que trabaja en propiedad raíz, para que me mostrara buenas áreas y propiedades para comprar casa en Charlotte.

Lucy tenía la paciencia más grande del mundo y con su dedicación y amor me mostró propiedades y me advirtió de la rapidez con que se vendían. Me dijo que si algo me gustaba debía ofertar inmediatamente porque las casas se vendían prácticamente en cuestión de un par de días. Inocentemente, pensé que era demasiado exagerada, pero ¡así funcionaba el mercado en ese momento! Irvin me sugirió aprovechar la estadía en Charlotte para buscar una casa que me gustara y que nos permitiera vivir cómodos y contentos. Encontré una casa que me gustó mucho, hicimos oferta y la aceptaron.

Estando en el aeropuerto, de regreso a NJ se presentó un atraso en el vuelo. Mientras esperaba sentada el próximo vuelo disponible, conocí un señor muy formal con el cual entablé una muy interesante conversación sobre Charlotte. Le conté que me vendría a vivir a este estado con toda mi familia. Me preguntó si tenía esposo y le conté que sí, y que también vendría a buscar trabajo. Después de preguntarme qué hacía mi esposo, me ofreció su tarjeta de negocios y me dijo que le dijera a mi esposo que lo llamara al día siguiente porque él estaba buscando un chofer para su compañía de transporte. ¡Así fue como Irvin tuvo un contrato de trabajo antes de llegar a NC!.

Exactamente como me habían dicho en la profecía, a los dos meses ya estábamos de mudanza a Carolina del Norte. Jacobo estaba totalmente en contra de este cambio y se rehusaba a dejar a NJ y sus amigos. La noche que teníamos la mudanza montada en el camión, Jacobo se intentó ir de casa. Mientras dormíamos, salió silenciosamente y nos dejó una nota que decía lo mucho que nos quería, pero también haciéndonos saber que él no estaba de acuerdo con irnos a vivir en NC, que empezaría su propia vida y que él estaría bien.

¡Dios mío! Cuando me levanté a las dos de la mañana para ir al baño, vi que la luz del cuarto de Jacobo estaba encendida y lo primero que encontré fue la nota. Empecé a gritar como loca, despertando a Irvin y a Melanie. De inmediato llamamos a la policía local y salimos en su búsqueda. Lo encontramos caminando con sus amigos y la policía lo hizo regresar a casa. Estaba demasiado disgustado y odiaba la idea de dejar a sus amigos de New Jersey. Sentí en mi corazón que era el momento de emprender un nuevo rumbo por el bien de todos.

Melanie también pasaba por una etapa difícil. Llevaba tres años en una relación con un novio Irlandés, el cual no tenía muy buenos hábitos. Gracias a Dios, Melanie fue quien tomó la decisión de terminar esa relación meses antes de nuestra mudanza. No estaba contenta de dejar a sus amistades, pero se había graduado del College y estaba dispuesta a iniciar una nueva etapa en su vida.

Irvin estaba dispuesto a mudarse de estado para apoyar mi profundo dolor y angustia por la pérdida de mi madre y el regreso de mi padre a Colombia. Aunque racionalmente entendía que él necesitaba continuar su vida, me era difícil aceptar lo rápido que había encontrado a otra persona, y que ya no estuviera también a mi lado.

Llegamos a nuestra nueva casa y, poco a poco, iniciamos la adaptación, no sólo de la vivienda, sino también de nuestras vidas. Irvin regresó a NJ para retocar nuestra casa y ponerla en venta. Después regresó a NC y se incorporó a su trabajo como conductor.

Desafortunadamente, no fue donde empezó de inmediato cuando llegamos a Charlotte porque el trabajo físico era muy pesado y él tenía lesionada una rodilla por el esfuerzo hecho durante estos últimos meses con todo lo de la mudanza. Logró rápidamente conseguir otro trabajo también en el área de transporte, manejando un camión local.

Melanie se vinculó rápidamente con una escuela de educación media como asistente de dos profesoras para niños con necesidades especiales y allí cumplió su primer año de trabajo, mientras cumplía con el tiempo necesario para regresar a la universidad y poder ser una estudiante loca. Luego empezó sus clases y consiguió un trabajo de algunas horas para una empresa pequeña de estampados y bordados. Poco a poco se fue adaptando y empezó a hacer amistades en Charlotte.

Jacobo empezó su vida escolar en el colegio que le correspondía a nuestra dirección. Fue el primer día y regresó a casa odiando el ambiente. Había cucarachas en los salones y los compañeros se burlaron de su reacción; le dijeron que se acostumbrara porque, por estar en el segundo piso, sobre la cafetería, había cucarachas en todos los salones. Por supuesto, comer allá le producía terrible asco y llegó a casa con mucho malestar.

El colegio de NJ tenía unos 600 estudiantes en comparación con los 2800 del de NC. La diferencia era abismal; Jacobo se sentía perdido y sin amigos. Cuando regresó a casa me dejó muy claro que a esa escuela no regresaba. La otra opción era estudiar en el colegio donde yo enseñaba y para él fue lo mejor.

Hicimos la transferencia de escuela y fue fácil para él empezar a hacer amistades y a sentirse más cómodo. El problema ahora era que su nivel de educación era más avanzado en comparación al de los compañeros. Los colegas me comentaban cómo se desperdiciaba el tiempo con Jacobo porque era muy inteligente y todo lo que le enseñaban, él ya lo sabía.

Terminó su grado 11 y para el 12, Jacobo me dijo que quería tomar el examen de GED (validación del bachillerato) porque no quería perder más tiempo en terminar su bachillerato. Expresó también que no perdiéramos tiempo ni dinero forzándolo a ir a la universidad; él tenía muy claro que quería ser músico y lo haría por sus propios medios y a su tiempo. Pensé que bromeaba cuando dijo no necesitar estudiar para presentar el examen de GED. Por esos días nos estaba visitando mi amiga Paula y me sugirió llevarlo a presentar el examen. Ella me dijo: "Que presente el examen, de pronto en algún momento se arrepiente y quiere volver a estudiar." Lo llevamos al centro de la ciudad, presentó el examen, lo pasó y desde ahí ha estado haciendo lo que ha querido con su música.

Terminé mi primer año de enseñanza de español en ese colegio, categorizado como título 1. Aprendí que son colegios que reciben ayuda federal para apoyar a estudiantes de familias de bajos ingresos. Infortunadamente, muchos de estos estudiantes viven un sinnúmero de necesidades y problemáticas sociales muy críticas. Algunos llegaban con grilletes en sus pies porque ya tenían algún tipo de antecedente judicial. Esto era preocupante, como también sus historias tristes y la situación que vivían con sus familias. Les tenía mucho cariño y aprecio, pero también me sentía intimidada porque en varias ocasiones me tocó llamar a la línea de seguridad interna para que vinieran al salón porque algún estudiante se había sobrepasado conmigo. En una ocasión, un estudiante me cogió una pierna delante de la clase, empezó a coquetearme mientras sus compañeros se reían y lo animaban a que siguiera.

Debía completar mi primer año escolar como profesora estable para lograr que me dieran, al final del año, un reporte aprobado por la rectora, con la constancia de que había enseñado todo el primer año cumpliendo las normas y reglas del distrito. Me aguantaba muchas cosas constantemente, pero otras me era imposible hacerlo y llamaba a seguridad para soporte. Esto ocasionó que la rectora del Instituto tomara la determinación de no darme el reporte de aprobación con la excusa de que yo no sabía tener control con mis estudiantes.

En una ocasión, hubo un estudiante que trajo una pistola a la escuela y se la enseñó a sus compañeros en el bus antes de iniciar las clases del día. Yo no me di cuenta de la situación hasta después del mediodía, cuando una estudiante me contó que ese chico había traído la pistola también a la clase de español en la mañana. Todo esto me llevó a tomar la decisión de renunciar al finalizar ese año, así no me dieran el reporte que necesitaba.

Con la ayuda y experiencia de mi hija Melanie en la escuela de educación media donde ella trabajaba, me comunique con el director y le hable sobre mi experiencia y el deseo de trabajar como profesora de español en esa escuela. Él programó una entrevista y fue así como empecé mi nuevo contrato en agosto del 2018. Desde el primer día pude darme cuenta de la exagerada cantidad de trabajo que debía completar a diario en casa y los fines de semana, labor sin remuneración, con el único beneficio de un buen seguro de salud.

Jacobo estaba cada día más rebelde en casa y tenía unas amistades que no me agradaban para nada; ahora no conocía en absoluto a los padres de estos amigos.

El estrés me agobiaba por la cantidad de trabajo que tenía durante el día y los fines de semana. Me acostaba entre la 1:00 y 2:00 a.m. organizando las tareas del día siguiente, y al mismo tiempo me extenuaba tener a Jacobo sin querer estudiar ni obtener su licencia de manejar porque no tenía ningún interés en hacerlo. Discutíamos mucho porque yo quería que él estuviera trabajando o estudiando, pero él no ponía ningún empeño en ninguna de las dos cosas.

Me congregaba en la iglesia de Steele Creek y los domingos prestaba mi servicio como líder de grupo de adolescentes. Oraba mucho y pedía que me ayudaran con oración para poder encaminar a Jacobo correctamente.

El pastor de adolescentes me veía como sufría con esta situación y el cansancio que me agobiaba. Se ofreció a venir a casa para darle clases de manejar a Jacobo y lograr conocerlo y hacer amistad con él. La idea era, poco a poco, invitarlo a la iglesia. Él nunca quería ir cuando lo invitaba. El primer día que Austin se ofreció para darle clase de manejo, Jacobo le quedó mal, supuestamente porque no encontró sus gafas. Me enojé y empezamos a discutir. Él se llenó de rabia y me dijo una mala palabra. Tal fue mi rabia que levanté la mano para pegarle en la boca y él me cogió fuerte del brazo y me empujó contra la pared. Me quedé paralizada, sin saber cómo reaccionar a este horrible comportamiento. Veía que cada vez él perdía más fácilmente el control y siempre terminábamos en enfrentamientos. Irvin y Melanie no se encontraban en casa cuando esto ocurrió.

Me encerré en mi cuarto llorando y llamé a Irvin para contarle lo sucedido. Cuando me escuchó llorando y en el estado en que me

167

encontraba, llamó a Jacobo pero no le contestó. Entonces le envió un mensaje diciéndole que debía disculparse por su comportamiento y grosería antes de que él llegara para evitar consecuencias. Me quedé en el cuarto muy afligida, llorando. Cuando Irvin llegó, llamó a Jacobo y él no estaba. ¡Se había ido de la casa! Qué terrible sensación para mí no saber dónde ni con quién estaría porque no conocía a ninguna de sus nuevas amistades en Charlotte.

Cada día que pasaba el dolor era más profundo; es una experiencia desalentadora para cualquier familia vivir sin tener noticias de un hijo. El estrés me ocasionó una hemorragia demasiado fuerte y la ausencia de Jacobo me causó una fuerte depresión y angustia. La doctora que me atendió me recomendó renunciar al trabajo porque el exceso de las labores extra, la ansiedad por la ausencia de Jacobo y mi condición médica estaban produciendo efectos nocivos en mi salud. También me recetó medicamentos para la ansiedad. Para el mes de enero me retiré del colegio, estaba sufriendo mucho.

Jacobo, muy de vez en cuando, nos mandaba algún mensaje pidiendo ayuda, pero siempre dejaba en claro que no quería regresar a casa. Nos ponía citas en ciertos lugares para vernos por algunos minutos. Mi sufrimiento era infinito al ver como nuestro hijo se había convertido prácticamente en una persona de la calle. Tenía días que no comía nada y vivía en muchos diferentes lugares en vecindarios muy descuidados y con muchos amigos que él llamaba hermanos. El dolor de la familia era inmenso; vivir esa situación no es nada fácil, estar días sin saber nada de él ni cómo estaba, si tenía qué comer o en dónde dormir. Lo más doloroso de esa situación era que Jacobo ya era mayor de edad, la validez de ser adulto, aunque no se esté en lo correcto, y yo no podía obligarlo a regresar a casa.

Cuando el vuelo se detuvo

Las dificultades finalizando el 2019 y empezando el 2020, no nos prepararon para lo que el mundo entero y nuestra familia debía vivir. Llegó la pandemia del COVID-19, confinándonos, y nosotros sufriendo muchísimo por no estar toda la familia junta. Jacobo vivía experiencias inconscientes y difíciles de afrontar como padres.

Una chica de Oklahoma que no conocíamos contactó a Melanie por "Instagram" y le informó que era novia de Jacobo. Él había venido a conocerla en persona antes de viajar a California para internarse en una clínica de rehabilitación. Desafortunadamente, se había tomado una sobredosis de pastillas y ella y su mamá habían tenido que llamar al 911 porque él no respondía. Melanie esperó hasta la mañana siguiente para darme la infortunada noticia por miedo a mi reacción. Desesperados, comenzamos a llamar a hospitales tratando de ubicar a Jacobo, pero la dura realidad es que ninguna institución nos daba información sobre su paradero por ser mayor de 18 años, y la ley en este país es que ningún hospital o institución da información sobre ningún paciente adulto.

Qué dolor tan profundo y qué momentos de angustia tan insoportables. Cada instante de mi vida oré a Dios por misericordia sobre la vida de Jacobo y clamé poder tenerlo en casa de nuevo. Gracias a Dios por su infinita misericordia, Jacobo recuperó el sentido estando en el hospital y nos llamó. Melanie le suplicó que regresara a casa, que lo ayudaríamos después a lograr ir a California, al lugar donde él consideraba lograría cumplir su sueño de su vida. Aceptó y le compramos el tiquete de regreso a casa. Todo el tiempo lo tratamos expresándole lo mucho que lo queríamos y anhelábamos su estabilidad emocional. Pero después de unos meses, se fue de nuevo, con rumbo a Portland, Oregón, una distancia demasiado lejos de casa, y la pandemia nos alejaba más y nos mantenía preocupados.

En Portland empezó una relación con Maranda Fucarolo, una chica joven que también estaba pasando por asuntos tristes y situaciones fuertes en su vida. Se encontraba sola tratando de sobrevivir al dolor y angustia de la pérdida de su padre, la figura más importante de su vida cuando ella tenía solo 14 años, y con la inconstancia presencial de su madre. Jacobo y Maranda empezaron su relación en Portland en medio de la pandemia y enfrentando al mismo tiempo terribles incendios forestales que afectaron la calidad de vida en ese estado.

Apenas comenzando la pandemia, Irvin logró encontrar un área en NC con un gran terreno a buen precio para comprarla y hacer realidad el sueño de su vida desde que era niño. Siempre le había escuchado cuánto anhelaba un pedazo de tierra, y mientras vivimos en NJ me opuse a la idea de vivir en una zona rural, desconectada de la gran ciudad. Pero sabía que de alguna manera lo ayudaría a lograr su sueño. Vio la oportunidad en este terreno y se enamoró por completo del lugar, y sin demora nos encontramos firmando los documentos de compra. Sabía que teníamos un dinero guardado en el banco por la venta de nuestra casa en NJ, pero nunca me imaginé que estábamos comprando algo tan grande y que una segunda hipoteca sería un proceso difícil.

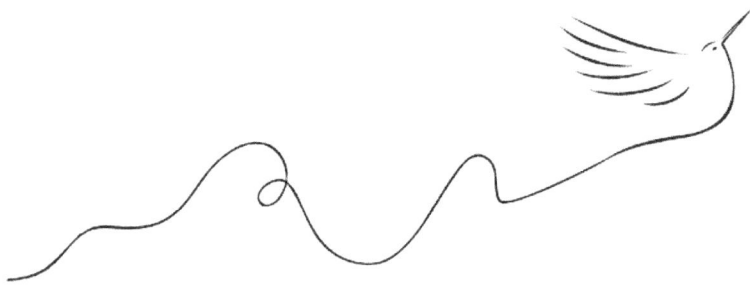

Una tierra y mil raíces por crecer
Octubre del 2019

Se pagó una buena cuota inicial y adquirimos la propiedad. Al unísono con Irvin, también empecé a soñar y a hacer planes de construir en la finca para iniciar una nueva vida en ella. Sin embargo, las cosas se complicaron debido a la pandemia y al confinamiento, ya que no podíamos tener muy clara la planeación y el enfoque para acelerar los procesos y hacer realidad el progresar de la finca.

El tiempo se detuvo. Las noticias eran terribles; la cantidad de muertos en el mundo entero era aterradora. Todos vivíamos con miedo y seguíamos protocolos de seguridad que muchas veces no eran claros, hasta la aparición de las vacunas, las cuales también nos llenaron de incertidumbre.

Jacobo y Maranda nos pidieron ayuda para venir a casa a vivir con nosotros; todo estaba difícil y ellos no tenían un lugar estable donde vivir. Al principio me opuse, pero luego fue muy claro cómo Dios abrió mi corazón para recibirlos en casa. Los ayudamos para que vinieran y fue bonito empezar a conocer a Maranda y a recibirla como una nueva integrante de nuestra familia. Y tener a nuestro hijo de regreso en casa era una bendición. Dios ha sido bueno en demasía; no sólo trajo a nuestro hijo a casa, sino que ahora nos daba una hija más. Maranda se ha ganado nuestro cariño y respeto; es una chica muy dulce que ha vivido duras experiencias en su vida y ahora tiene una familia que quiere y desea todo lo mejor en su relación con Jacobo.

El adiós del colibrí a su sabio
5 de Marzo del 2021

Cuando apenas empezábamos a salir del confinamiento y sus consecuencias, recibimos la noticia triste y dolorosa del fallecimiento de mi padre. Otra pérdida para enfrentar ¡Hacía dos días que le había mandado a celebrar su cumpleaños!. Gracias al amor incondicional de mi amiga del alma, de toda la vida en Colombia, Claudia Lorena Ángel, quien con su voluntad se ofreció para recoger a mi padre y hacer todo lo que planeamos para que él se sintiera muy querido. ¡Dios mío! Qué difícil es ver la partida de los seres que amamos. Gracias a Dios contaba con ella y pudo hacer todo ese precioso cumpleaños un video donde lo sentí como si estuviera a su lado.

La relación entre mi padre y Belén ya no seguía igual. Él se sentía desanimado solo. Nos contaba que discutían mucho porque ella se la pasaba trabajando en su almacén, él cuidando de su mamá, y cuando llegaba del trabajo era él quien la atendía. Él quería que ella lo acompañara a salir a lugares adonde le gustaba ir, pero ella estaba siempre ocupada y el único tiempo libre que tenía lo pasaba en la iglesia rezando, todos los días haciendo el rosario en casa y atendiendo a su mamá. Hacía un par de semanas habían tenido una gran discusión por un desacuerdo y él había decidido regresar a su casa y continuar teniendo una relación más libre. Lo habíamos sentido triste y extrañando su rutina de ejercicios y de montar bicicleta con sus amigos. Lo animamos para que volviera a salir, a montar en cicla, a pasear, pero el COVID a él, como a todos nosotros, nos llenó del miedo a contagiarnos al relacionarnos.

Mi hermano Diego estaba haciendo planes para ir a Colombia y pasar un tiempo con mi padre, ya que hacía muchos años que no se veían. Mi madre había estado en España visitando a mi hermano para conocer a Mía, la pareja de mi hermano, pero mi padre no fue con ella en esa ocasión. Diego estaba muy animado con su venida a Colombia para compartir tiempo con nuestro padre; contaba los días para estar a su lado, animarlo a salir, a montar juntos bicicleta y alzar pesas.

Mi amiguita Claudia junto con Eniver, su esposo, llevaron a mi padre a un nuevo restaurante en el pueblo con una vista preciosa. Él estaba muy contento y ella me hizo una video llamada para que le cantara el feliz cumpleaños y viera su felicidad. Comieron rico, y cuando estaba a punto de soplar la vela del postre, observó cómo hizo una pausa y sus ojos se llenaron de lágrimas. Sentí un gran dolor porque pude percibir su soledad en ese momento y su angustia del vacío de la compañía de mi madre, que ahora se hacía más real. Le mandé muchos besos y él salió feliz de haber celebrado con un delicioso pescado frito y un patacón súper grande. También le encantó el regalo, Claudia nos mantuvo todo el tiempo conectados para poder verlo, después lo llevó a casa, y al día siguiente le hicimos una video llamada mi sobrinita Laura, Diego y yo. Le cantamos de nuevo el feliz cumpleaños y estaba feliz de vernos.

Nos reíamos porque Laurita le pedía enfocar bien la cámara, pues nos estaba mostrando el techo del cuarto. Él lo intentaba una y otra vez. Nos contó que estaba empezando a alzar pesas y montar en bicicleta para estar listo cuando Diego llegara, que estaba empezando a comprar cosas para la cocina porque viviría solo de nuevo, que extrañaba a Belén, pero al mismo tiempo sentía que se había quitado la responsabilidad de atender a su mamá. Reímos y hablamos un buen rato y recuerdo que ese mismo día Jacobo entró a la cocina y lo puse en cámara para que mi padre lo viera y se saludarán. Mi papá quería mucho a Jacobo y a Melanie porque había vivido con nosotros desde que Jacobo había nacido hasta cuando él regresó a Colombia.

Ahora, de manera inesperada, pierdo a mi padre el 5 de marzo, dos días después de su cumpleaños. Dios mío, otra pérdida demasiado impactante en mi vida. Ahora perdía ese gran pilar que siempre me amó como sólo él lo hacía.

Parece que murió de la misma manera que nuestra madre, por un derrame interno. Sin embargo, fueron desconcertantes los comentarios de mi tía Stella, hermana de mi papá, y mi prima Stephanie, quienes me llamaron a darme la dura noticia y, sin saber bien lo que había pasado, dijeron que mi padre había tomado cianuro y lo habían encontrado en el piso de la cocina.

Esa mañana, Laurita lo había llamado y, mientras hablaban, él le contaba que estaba en la cocina tomándose como de costumbre, su vasito de jugo de limón con una cucharadita de bicarbonato de sodio para controlar su acidez, y que esperaba a un señor amigo que vendría ayudarlo a pintar para tener el cuarto de Diego listo para cuando viniera a visitarlo. Le contó que el pintor llegaría a las 8:30 a.m.

Concluimos que mi papá colgó su celular cuando terminó de hablar con Laura y, después de tomarse su jugo de limón con bicarbonato de sodio, cayó al piso y ahí pasó todo el día hasta las horas de la tarde, cuando Sonia, una muchacha que le ayudaba con la limpieza de la casa, hacia las 7:00 p.m., lo encontró ya frío y muerto en la cocina. El pintor que había quedado de venir llegó a la hora acordada y tocó duro la puerta muchas veces y se extrañó que no le respondiera. Volvió al mediodía e insistió de nuevo; le parecía muy extraño que mi padre le hubiera incumplido porque era estricto con su palabra.

Cuando Sonia lo encontró, enseguida llamó a mi tía Stella y a Stephanie para informarles lo ocurrido. Al llegar y verlo, Stephanie asumió que lo que había en el vaso con bicarbonato era cianuro. Fue muy doloroso la manera como asumieron y me llamaron a darme la noticia de esa manera. Quedé demasiado impactada, no podía concebirlo y menos entender esa terrible noticia; aunque siempre crecí con el temor de que mi padre terminara con su propia vida como lo habían hecho sus padres, mis abuelos. Su cuerpo fue llevado a investigación forense para determinar su muerte.

Diego logró viajar de urgencia a Colombia y estar presente en todo el proceso. Mi pasaporte americano estaba vencido y necesité volar a Washington D.C. para renovarlo de urgencia, presentando el pasaje a Colombia y la constancia de que mi viaje se debía a la muerte de mi padre para poder viajar.

El día que llegó la correspondencia electrónica del informe forense de la muerte de mi padre, no alcancé a estar presente para la cremación. De todas maneras, viajé y estuve compartiendo con mi hermano dos meses en Colombia, mientras mis hermanos y yo dejábamos todo listo para la sucesión. Me reuní con mi hermana después de cinco años sin hablarnos ni vernos desde la muerte de nuestra madre. Sentía tanta tristeza en el corazón que pensé que todos esos horribles incidentes ya eran cosa del pasado.

En la caja fuerte grande de la casa de nuestro padre encontramos un folder con su testamento listo, pero no lo había alcanzado a autenticar en una notaría. Volvimos a contactar a mi cuñada Iris para que nos asesorara de nuevo en el proceso de esta sucesión. Inicialmente, no quería ayudarnos porque había quedado decepcionada de la falta de palabra de mi hermana al incumplir el acuerdo al que habíamos llegado durante la sucesión de nuestra madre, y de cómo se había comportado después con nuestro padre.

Pero mi cuñada Iris, una vez más con su gran corazón salió a relucir y, por la relación familiar que nos unía, decidió ayudarnos.

Diego, Cecilia y yo hablamos antes de abrir la caja fuerte y los tres estábamos de acuerdo en respetar cualquier documento o testamento que nuestro padre hubiese dejado.

El testamento de mi padre dejaba muy claro que, en caso de morir, sus bienes pasarán por partes iguales a Diego y a mí. Igualmente aclaraba que excluía a Cecilia de cualquier bien, puesto que ella había exigido y recibido su parte sobre la propiedad de mi padre estando él en vida. Para cualquier cambio que quisiera hacerse sobre su voluntad, estipuló que me otorgaba el poder de ser yo quien lo hiciera y decidiera la pauta a seguir. Los tres nos mirábamos mientras yo leía muy despacio. Todos estábamos sorprendidos pero habíamos acordado respetar su voluntad.

Le pasamos la información a Iris y nos reunimos con ella para iniciar los cambios pertinentes, y a pesar de no haber autentificación, de palabra estábamos dispuestos a respetar la voluntad de nuestro padre. Sacamos cosas de la caja fuerte y repartimos todo lo que había entre los tres.

Nos sorprendimos muchísimo de encontrar una carta que mi padre había guardado durante su vida, desde la muerte de mi abuela Ramona. Esta carta contenía la devastadora decisión de ella al tomar la decisión de quitarse su vida y acabar con todo el sufrimiento del cual había sido víctima por muchos años. Esta carta mi padre la guardó durante todo este tiempo y nunca la mostró o compartió con sus hermanos, ya que él se había sentido culpable en gran parte de esta tragedia.

Todo ahora me permitía entender mucho todo su comportamiento, ya que en unas líneas de esta carta mi abuela le expresaba a mi abuelo cuánto le había rogado que no llevara a los niños a esos burdeles donde él frecuentaba. El día que ella tuvo el coraje de quitarse su vida tomando cianuro, estaba muy atormentada porque mi abuelo había pasado la noche en uno de estos sitios con mi padre. Esta carta está en posesión intacta con los bordes quemados por una vela, como se acostumbraba hacer en esos tiempos.

Le informamos a Iris sobre la división de estos bienes encontrados en la caja de seguridad. Ella nos dijo que, como estos otros bienes no estaban incluidos en escrituras o testamento, los podíamos hacer de común acuerdo. En cuanto a lo relacionado con el taller, y siendo yo la única de los tres hijos que había estudiado y seguido la tradición de la joyería estuvimos de acuerdo en que yo seleccionara todo lo que me pudiera servir para mi taller de joyería en NC y que las máquinas grandes pesadas las pondríamos a la venta, para lo cual iniciamos la ardua tarea de poner precios basados en las referencias de cada máquina.

Esta decisión nos enfrentó, una vez más, a una dolorosa actitud de Cecilia, quien tiene una mentalidad de negocios quizá heredada de mi madre, pero sin la belleza del progreso mutuo. Entabló con energía una estrategia de querer vender a cualquier precio la maquinaria que había en el taller. Enviaba clientes que querían comprar y ella quería vender a cualquier precio con tal de vender rápido.

Para mí representó un proceso estresante, lleno de nostalgia y de decepción ante la actitud de Cecilia. Para mí era muy doloroso este proceso de venta porque me llenaba de angustia y sentimiento el corazón, ya que cada una de estas máquinas y muchas de las herramientas traían una memoria al haber compartido tantos años con mis padres, y haber crecido en el taller amando cada sonido emitido por ellas, y todo lo que aprendí junto a mi padre. Fue un momento nostálgico, ya que mis padres vivieron tanto tiempo conmigo y disfruté como ninguno de su compañía, pude trabajar, estudiar, aprender a usar todas estas herramientas y máquinas con la experiencia y el arte de mi padre y después durante mi carrera.

Vendida gran parte de los equipos, y después de haber repartido las ganancias de las ventas y los ahorros de la caja fuerte, representados en oro, piedras preciosas, y dinero en el banco, asombrosamente, Cecilia contactó otro abogado para cerciorarse si podía apelar a más herencia al no estar autenticado el testamento. Exigió ser incluida en las propiedades y terminó heredando un apartamento y la repartición entre los tres en contra de la voluntad de mi padre.

Por segunda vez, cortó toda comunicación con nosotros y empezó a hacerlo a través de su abogado, asegurándose de obtener ganancia en cualquier beneficio de la herencia.

La avaricia marca el deseo perverso de sacar provecho de todo, y afecta las relaciones porque el afecto y lazos familiares pasan a un segundo lugar.

Al faltar nuestros padres, pensamos que Cecilia asumiría su papel de hermana mayor, que nos uniríamos y seríamos tres hermanos cuidándonos y queriéndonos. Pero el amor por las cosas materiales marcó la triste distancia entre nuestros corazones.

Regresé a USA y le firme a mi cuñada Iris un poder amplio suficiente para firmar cualquier documento cuando estuviera terminada la sucesión y pudiéramos vender Diego y yo nuestras propiedades.

A mi regreso a Carolina del Norte, recibimos la hermosa noticia y gran bendición que Maranda estaba esperando un bebé. Esto llenó de alegría nuestros corazones. ¡Ahora sería abuela y tendríamos como familia un motivo de gran felicidad!. Qué tristeza que mis padres no vivieron mi alegría y no pudieron conocer a su bisnieto; se que hubieran sido unos incomparables bisabuelos.

Empecé a trabajar con una compañía europea recogiendo enfermeras en el aeropuerto y ayudándolas a encontrar alojamiento, abrirles cuentas bancarias, planes de celular y llevándolas de compras para amoblar sus viviendas. Venían con un contrato de trabajo en hospitales de tres a cinco años. Una experiencia bonita, pero no era un trabajo de tiempo completo ni pagaban beneficios, lo que me permitió tener otro trabajo desde casa como profesora de español en línea con una compañía de profesores universitarios de diferentes países que, por consiguiente, enseñaban varios idiomas. Enseñé español en línea para universitarios y profesionales de diferentes estados que necesitaban nivel de conversación en sus trabajos. Estas actividades me permitieron reiniciar mi actividad profesional y, en familia, retomar nuestras vidas después del confinamiento del COVID.

El más dulce vuelo
Enero del 2022

Jacobo y Maranda, que habían estado en Oregón, nos pidieron de nuevo ayuda para regresar a nuestra casa para dar a luz y no pasar dificultades, tan lejos y sin familia. Así fue como este día de enero, Sora Francis, nuestro precioso nieto, nos iluminó la vida con sus preciosos ojos azules, piel blanca y cabello rubio. Ha llegado a nuestro mundo por una grandiosa promesa de Dios de restaurar nuestra familia y traernos felicidad y unión familiar, de transformar los corazones de Jacobo y Maranda con el hermoso significado de un hijo y el deseo en sus corazones de darle amor y mostrarle la importancia de la familia.

Nuestros planes con el terreno de la finca aún están pendientes porque varias situaciones nos han impedido establecer el tiempo y concretar la parte financiera para la realización de este sueño y cambio de vida en el campo. También, Irvin estuvo incapacitado debido a una caída en el trabajo donde se lesionó dos costillas y debió ser intervenido en cirugía de un hombro. Esto, sumado a los dos años de COVID, ha dejado en espera este sueño de vida.

Pero todos los tiempos de Dios son perfectos y en sus manos tenemos la plena seguridad que llegará el momento de verlo realizado. Necesitaba un trabajo con más estabilidad financiera y beneficios para poder apoyar a Irvin en este gran proyecto.

Oré a Dios por una oportunidad financiera estable para encaminarnos a culminar este anhelo.

Volando bajo pero con rumbo claro
25 Julio del 2022

Gracias a que Catalina Patel, una amiga colombiana que trabajaba para la compañía de seguros de salud Blue Cross Blue of NC, me compartió una oportunidad de trabajo abierta para alguien bilingüe y me habló muy bien de los beneficios y la estabilidad en la empresa. Decidí aplicar para esta posición de trabajo y envíe mi aplicación. La aceptaron, pasé todas las entrevistas y el proceso de contrato lo firmé en esta fecha. ¡Dios mío, te estoy tan agradecida por esta oportunidad de trabajo!. Ha sido todo un reto para mí entrar a laborar en esta empresa, un área nueva y en la que no tenía ninguna experiencia.

Es una carrera compleja en la que se requiere trabajar y estudiar al mismo tiempo. Hay entrenamientos constantes, seminarios internos y demasiado rigurosos los estudios relacionados con los seguros de salud para pasar las pruebas del estado y obtener la licencia. El proceso es apremiante y me enfrentó de nuevo a muchísimo estrés debido a mí PTSD, que se activa cada vez que mi cuerpo y sistema nervioso pasan por un elevado evento de estrés. Mi cuerpo se descompensa y se manifiestan un sin número de problemas de salud.

Lo positivo de esta vinculación es la gran oportunidad de poder en mis tiempos libres de oficina, plasmar en papel mi historia de vida. Las personas bellas que Dios ha puesto en mi camino me han motivado a hacerlo; la intención de escribir está autobiografía siempre ha estado presente.

Finalmente lo estoy haciendo, dando primero las gracias a Dios, quien ha transformado totalmente mi vida a través de mis vivencias y ha sostenido día a día en cada una de ellas, mostrándome cuán grande es su misericordia y gracia en mi vida. No merezco tanto amor, pero sólo Dios que me creó y quien tiene un propósito grande en mi vida me ha proporcionado en medio de mi trabajo, el tiempo necesario para rememorar y plasmar mi autobiografía.

Infinitas gracias a mi familia por todo su apoyo y amor brindado durante todos estos años, gracias por ser pacientes y amorosos conmigo. Les pido perdón por las ocasiones donde no me comporté como el pilar y fundación estable para guiarlos y apoyarlos como madre, esposa, hermana, hija, amiga, nieta y más.

En muchísimos momentos de mi vida he sido muy desagradecida, me he quejado, he querido que las cosas se hagan a mi conveniencia y a mi tiempo, sin reafirmar el poder de Dios cuando me dice que confíe en Él con todas mis fuerzas porque sus caminos son perfectos.

Infinita gratitud a Dios que puso en mi camino a personas tan hermosas, las cuales admiraré por siempre en este hermoso estado de Carolina del Norte. Es aquí donde he logrado reafirmar día a día la gracia y misericordia que Dios ha tenido conmigo y con los míos.

Gracias, Dios, por darme este precioso regalo de amiga, Yvette Corredor, mujer a quien admiro por su atractiva personalidad, apasionada escritora de profundos y significativos poemas que te inspiran y te animan a deleitarse en el escondite maravilloso de su escritura. Fue ella quien dio el último empujón a mi decisión por relatar partes significativas de mi historia.

Es esta preciosa mujer y valiosa amiga, a quien quiero con un profundo amor, quien se ha tomado todo su tiempo y amor en editar todas estas líneas, ya que mi falta de experiencia me llevaron a hacerlo de la manera rudimentaria de escribir a mano.

Ahora, finalizando este logro de escribir mi autobiografía, tengo las fuerzas que Dios me ha proporcionado durante todo este tiempo, para estar lista a retirarme de este trabajo como agente de seguros de salud después de casi tres años.

Reanudo con mucho amor el recorrido que he anhelado, retomando mi carrera como artista y diseñadora de joyas. Todas las hermosas huellas de mis antepasados están ahora dándome toda la inspiración para reiniciar con toda mi esencia y amor este precioso recorrido.

Hoy, sólo me resta continuar cada día en agradecimiento con Dios porque su amor ha sido inmenso y su misericordia se ha desbordado en bendiciones infinitas.

AGRADECIMIENTO

Dedicó este momento para expresar mi más profundo agradecimiento a Dios, mi ser supremo, por cada bendición en mi camino. A lo largo de este viaje, he aprendido que cada experiencia, tanto las alegrías como las pruebas han sido parte de un plan divino que me ha guiado hacia el crecimiento de la compresión.

Gracias por las lecciones disfrutadas en los desafíos, por la luz en los momentos de oscuridad y por el amor incondicional que se manifiesta a través de las personas que he encontrado en mi vida. Tu sabiduría ha sido mi faro, tu gracia, mi fortaleza.

En cada paso de mi diario caminar, he sentido tu presencia, recordando que siempre hay un propósito y un significado en todo lo que vivo. Espero continuar este viaje con fe y gratitud, siempre buscando el néctar que me nutre y me inspira.

Espero que haber abierto mi corazón y haber capturado gran parte de mi vida no sólo haya sido una sanación personal, sino que de alguna manera inspire a alguien a hacer lo mismo para que sus huellas también dejen un rastro de recuerdos y experiencias mientras recorremos los caminos creados por Dios.

Agradezco cada una de mis vivencias, ya que sin haberlas transitado, no hubiese podido ser quien soy ahora y quien continuaré siendo hasta que logre culminar el propósito por el cual fui escogida para ser quien soy: Patricia Suárez, Patricia Gartner.

Lo más valioso de nuestro recorrido por estos senderos, es la sabiduría y madurez que vamos adquiriendo, permitiéndonos ser más agradecidos y conscientes al caminar.

A mi adorada amiga del alma **Claudia Lorena Ángel** y a su hija **Daniela Ríos Ángel** quien aportó su tiempo en la revisión del contenido.

CONCLUSIÓN

Al cerrar este capítulo de mi vida, me doy cuenta de que cada experiencia, cada desafío y cada victoria han sido como flores en mi jardín personal. He aprendido que, al igual que el colibrí se desliza de una flor a otra en busca de néctar, nuestra existencia está compuesta de momentos que, aunque a veces fugaces, son esenciales para nutrir nuestra alma. Cada historia compartida, cada lección aprendida, se ha convertido en parte del néctar que me impulsa a seguir adelante.

Gracias por acompañarme en este vuelo. Que cada uno de nosotros siga volando, explorando y descubriendo el néctar que hace que la vida y su colorido valgan la pena el vuelo.

¡Gracias Dios padre celestial!

Sobre la Autora: Patricia Gärtner

Patricia Gärtner, nacida en Santa Rosa de Cabal, Colombia, heredó de cinco generaciones de joyeros la convicción de que las obras maestras nacen de la paciencia y el fuego. A sus 21 años, emigró a Estados Unidos con su esposo Irvin, llevando consigo el legado de su familia de orfebrería y sus sueños.

En Nueva Jersey, construyó un hogar multicultural donde crecieron sus tres hijos en compañías de sus abuelos. Tras la trágica pérdida de su hijo mayor, Ryan, en el Army, encontró en el arte la sanación que necesitaba. En la meca de la creatividad, forjó su futuro estudiando Diseño de Joyas en el **Fashion Institute of Technology (FIT)** de Nueva York, con pasantías en RIVA y **David Yurman**. Su pericia la llevó a ser instructora de diseño de joyas por una década en el prestigioso **Gemological Institute of America (GIA)**.

Después de un breve paso por el mundo de los seguros en Carolina del Norte, respondió al llamado ancestral de su sangre y se convirtió en la CEO de **Cielo-Negrelli**, su taller. En este espacio, fusiona la precisión de sus conocimientos con el espíritu de su legado. Cada pieza que restaura o crea es un homenaje a sus raíces y a su propia historia.

Hoy, su corazón late en Carolina del Norte, expandido por la familia que ha formado, incluyendo a su nieto Sora Francis, cuyas risas son el brillo que Ryan le envía desde las estrellas. Esta autobiografía, tallada con la precisión de sus cinceles, celebra sus pasiones: la fe, la paz de la naturaleza y el poder del martillo que transforma metales. Su vida demuestra que, al igual que las gemas, las personas pueden refractar luz tras la fractura, transformando el dolor en un legado de belleza y resiliencia. Su historia es la prueba de que ni el exilio ni la muerte pueden romper el hilo dorado de la familia; solo lo tejen en un diseño más complejo y hermoso guiado por la fe y el amor.

ARTIST STUDIO PROJECT PUBLISHING COMPANY LLC.
UNA EDITORIAL INDEPENDIENTE DE LIBROS MULTICULTURALES

Acerca de ASP Books: Artist Studio Project Publishing LLC., también conocida como ASP Books, es una editorial independiente de libros multiculturales interesada en todos los libros y escritos latinos creativos, académicos y culturales escritos por y sobre puertorriqueños, latinoamericanos, mexicoamericanos, cubanoamericanos, centroamericanos, hispanoamericanos, indígenas americanos y escritores de color.

ARTIST STUDIO PROJECT PUBLISHING LLC.
AN INDEPENDENT MULTICULTURAL BOOK PUBLISHING COMPANY

About ASP Books: Artist Studio Project Publishing LLC., AKA ASP Books, is an independent multicultural book publishing company interested in all creative, scholarly, and cultural Latino books and writings by and about Puerto Ricans, Latin Americans, Mexican Americans, Cuban Americans, Central Americans, Hispanic Americans, Indigenous Americans and writers of color.

www.ingramcontent.com/pod-product-compliance
Lightning Source LLC
Chambersburg PA
CBHW051151120626
46547CB00012B/1043